そうだったのか！

歴史人物なぞのなぞ

楠木誠一郎 作　　春原弥生 マンガ

静山社

はじめに

うっとり♥
新選組《しんせんぐみ》ってロマンよね
沖田サマさいこー♥
何言ってんだよ
ロマンといえば忠臣蔵《ちゅうしんぐら》だろ？
家臣たちの主を思う強さはハンパねーよ？
それを言うなら武田信玄《たけだしんげん》だってお館様《やかたさま》ってよばれて慕《した》われてたのよ！
こちとら独眼竜《どくがんりゅう》でい
何よそのつながり!!
それならこっちは紫式部《むらさきしきぶ》よ!!
剣《けん》よりペンなんだから
じゃあ卑弥呼《ひみこ》!!
神の使者だぞ

はいはい
そこまでー
何の争いですか
まったく
みんな魅力《みりょく》に
あふれてるよね
よし!!
みんなまとめて
会いに
行っちゃおう
えっ!?
じゃーん!
タイムマシン
不安…
いちばん
古い時代
から
さあ行きますよ
GO!
ポチッ!
タイムマシン
ワープ!!

もくじ

風林
火山

クスノキ先生

作家で、歴史のことや、不思議な事件について調べるのが大好き。仕事は朝、早起きしてすませてしまうタイプ。

シズカ

クスノキ先生の家の近所に住む小学五年生の女の子。本が大好き。特に、ファンタジーと歴史小説に興味あり。

ヤマト

シズカの双子の弟。勉強は特別苦手ではないが、体育の方が好き。隠《かく》れイケメンなので、じつはもてている。

エピソード

1 卑弥呼《ひみこ》が支配《しはい》した国はどこにあったのか？

縄文《じょうもん》時代から弥生《やよい》時代へ

——はい、着いた。

ここは、どこか。弥生《やよい》時代のはじめのころのようです。

一万四〇〇〇年近くもつづいた縄文《じょうもん》時代の

後期から末期にかけ、大陸から伝えられた稲作《いなさく》が日本列島でもはじまり、やがて土器の作り方がかわっていくところですね。

みなさんに質問《しつもん》です。

Q　縄文《じょうもん》時代と弥生《やよい》時代の境目《さかいめ》って、あったと思いますか？

じつは、はっきりした境目《さかいめ》なんてないんですよ。

「今日から弥生《やよい》時代ですよ！　土器の作り方がかわりますよ！」とテレビでアナウンスなんてされませんから。インターネットはもちろん、テレビも、ラジオも、拡声器《かくせいき》すらありませんから。

では、どうやって、縄文《じょうもん》時代から弥生《やよい》時代へうつったのでしょうか。

日本列島のうち、大陸に近い九州からゆっくり東へ、稲作《いなさく》の広がりとともに土器の作り方もかわっていき、ゆっくり、ゆっくり、弥生《やよい》時代にうつっていったのです。

どうやって「ムラ」が「クニ」になった？

縄文《じょうもん》時代以前、旧石器時代《きゅうせっきじだい》は狩猟《しゅりょう》ぐらしでしたから、人々は獲物《えもの》を追って移動《いどう》していました。

でも、なかには、青森県の三内丸山遺跡《さんないまるやまいせき》があったところに住んでいた人たちがそうだったように、縄文《じょうもん》時代から定住する人たちがあらわれはじめます。

やがて定住した場所に、「ムラ」ができます。

ヒトは欲《よく》ぶかい生き物ですから、となりの芝生《しばふ》が青く見えはじめます。となりの「ムラ」の土地がほしくなると、力ずくで奪《うば》いたくなり、やがて戦争がはじまります。

こうして「ムラ」が巨大化《きょだいか》し、「クニ」ができたのです。

紀元前五世紀ごろにはじまった弥生《やよい》時代が八〇〇年ほどつづいた紀元後の三世紀ごろ、それまでたくさんあった「クニ」同士が、やはりとなりの芝生《しばふ》が青く見えはじめ、戦争をくりかえすようになりました。

これはのちに「**倭国《わこく》の大乱《たいらん》**」とよばれます。

規模《きぼ》でいえば、「ムラ」がいまの村や町、「クニ」が市、せいぜい県くらいと思えばいいでしょう。

三〇くらいある「クニ」連合のなかから、「**邪馬台国**《やまたいこく》」という「クニ」の**女王卑弥呼**《ひみこ》が代表に選ばれました。

日食の秘密《ひみつ》

卑弥呼《ひみこ》は「鬼道《きどう》」を使うシャーマン（神と交信できる人）とされ、ふだんは屋敷《やしき》に隠《かく》れて人と会いませんでした。会っていた数少ない人のひとり、卑弥呼《ひみこ》の弟（名前不明！）が政《まつりごと》（政治）をおこなっていたとされています。

シャーマン卑弥呼《ひみこ》の能力《のうりょく》で代表されるものが、日食を起こすことができた、もしくは予言できたというものです。

フツーに考えればありえません。

卑弥呼《ひみこ》に天文学の知識《ちしき》があったと仮定《かてい》すれば、すべて解決《かいけつ》します。

日食が起きる前に――。

「この世が闇《やみ》になる！」

そう叫《さけ》ぶだけだったのです。

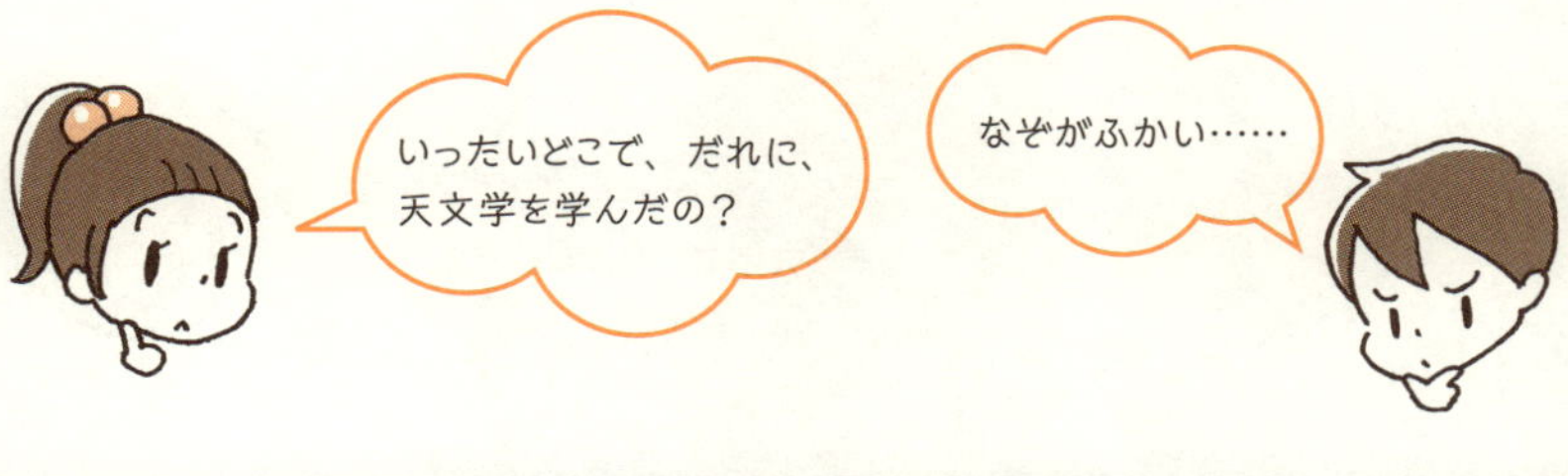

日食が起きたら、民は「おー！」とおどろきます。

「卑弥呼《ひみこ》」「倭《わ》」の意味

弥生《やよい》時代の日本には、まだ史料もなければ、文字もないのに、なぜ卑弥呼《ひみこ》の存在《そんざい》がわかっているのでしょうか。

それは、中国の『**魏志倭人伝**《ぎしわじんでん》』（正しくは『魏書《ぎしょ》』東夷伝《とういでん》のなかの倭人条《わじんのじょう》）という史料に書かれているから、わかっているのです。

どうして海を渡《わた》った中国の史料に書かれているかというと、卑弥呼《ひみこ》が使者を送って、国交を樹立《じゅりつ》させたから。

ただ、使者を送った「邪馬台国《やまたいこく》」の女王の名が、ほんとうに「卑弥呼《ひみこ》」だったかどうかあやしいのです。

『魏志倭人伝《ぎしわじんでん》』に書かれているから、きっとそうだったんだろうと、現在《げんざい》まで「卑弥《ひみ》呼《こ》」という名前が使われているにすぎません。

だってね、その名が「卑弥呼《ひみこ》」ですよ。名前をよーく見てもらえます？

一文字一文字見ると――。

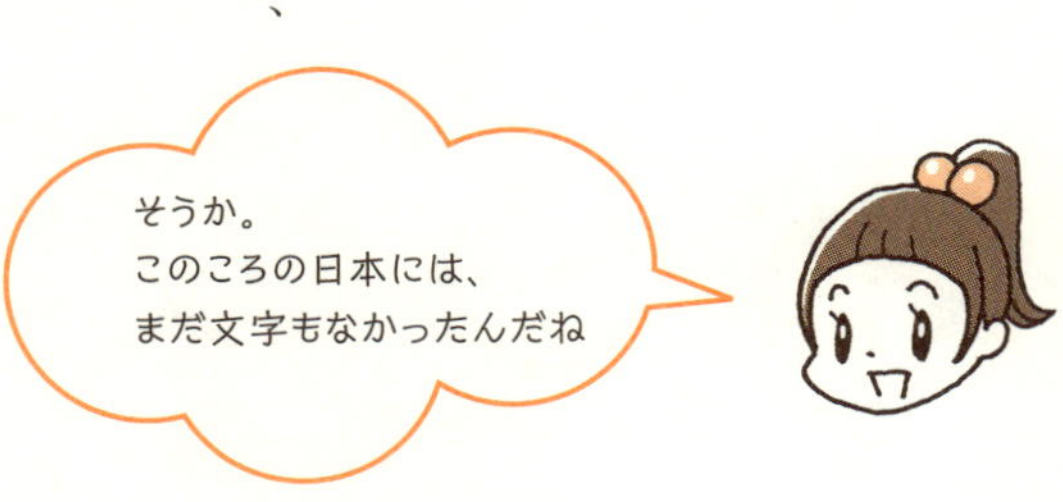
そうか。
このころの日本には、
まだ文字もなかったんだね

「卑《ひ》＝いやしい」
「弥《み》＝いきわたる」
「呼《こ》＝よぶ」

自分の子に命名するとき、もしくは自分で名乗るとき、「卑《ひ》」という文字を使いますか？　使いませんよね？

もし、ありうるとすれば、「上」の者が「下」の者をばかにして命名するとき。パワハラならぬ名づけハラスメント！

つまり『魏志倭人伝《ぎしわじんでん》』を書いただれか、または中国のえらい人が、使者を送ってきた女王を勝手に「卑弥呼《ひみこ》」と名づけただけではないでしょうか。

国の名前だってそう。

東の島国には、まだ大きな国はなかった。「クニ」連合にすぎなかったのです。

でも当時の中国の人は、そんな事情《じじょう》は知りません。

「邪馬台国《やまたいこく》」が島国全体の名だろう。

←

たしかに、
なんかいやな名前だなぁ……

じゃあ名前をつけてやろう。

←

「倭《わ》」はどうだ。

「倭《わ》」には「したがう」という意味があるから、ちょうどいいじゃないか。

それを当時の日本人がありがたいと思っていたかどうか知りません。

ただ古代日本では「倭《わ》」に通じる「和」に「大」をつけて「大和《やまと》」とよぶようになりました。

「邪馬台国《やまたいこく》」までの道のり

卑弥呼《ひみこ》が女王をつとめていた邪馬台国《やまたいこく》は、どこにあったのでしょうか。

『魏志倭人伝《ぎしわじんでん》』のなかの記述《きじゅつ》を整理すると、こうなります。

朝鮮半島《ちょうせんはんとう》

← 海を渡《わた》る、一〇〇〇里あまり

対馬国《つしまこく》（現在の対馬）

← 海を渡《わた》る、一〇〇〇里あまり

一支国《いきこく》（壱岐《いき》）

← 海を渡《わた》る、一〇〇〇里あまり

末盧国《まつらこく》（松浦《まつうら》半島）

← 東南、陸行、五〇〇里

伊都国《いとこく》（糸島市）

← 東南、一〇〇里

奴国《なこく》（博多区）

← 東、一〇〇里

不弥国《ふみこく》（現在の？）

← 南、水行二〇日

投馬国《とうまこく》（「つまこく」とも読む。現在の？）

← 南、水行一〇日、陸行一月

邪馬台国《やまたいこく》（現在の？）

1里はだいたい
400メートルくらい。
水行は船でいくこと
陸行は陸路をいくことだね

国名のうしろのカッコ内は、まちがいないだろうと思われている現在《げんざい》の地名です。

当時の中国では「一里＝四〇〇メートル」くらい。日本での「一里＝四キロメートル」の一〇分の一です。

「水行」は船に揺《ゆ》られての日数。「陸行」は徒歩での日数です。ただ投馬国から邪馬《やま》台国《たいこく》にいたる「水行一〇日、陸行一月」は「水行一〇日＋陸行一月」という解釈《かいしゃく》と、「水行一〇日または陸行一月」の解釈《かいしゃく》があります。

奴国《なこく》（博多区）のあと、方角どおり、距離《きょり》どおりに進むと、邪馬台国《やまたいこく》が九州のはるか南になってしまいます。

ここで日本国内では大きなふたつの説が登場してきます。

1　**「距離《きょり》がまちがえている！」＝九州説。**

2　**「方角がまちがえている！」＝畿内《きない》説。**

九州説も畿内《きない》説も江戸《えど》時代から登場していて、明治時代にも、それ以降《いこう》も、歴史学者たちによって論争《ろんそう》がたたかわされています。

もちろん九州説と畿内《きない》説以外にも、日本各地、いやいや外国説まで登場してきました。多いのは、地元の歴史を研究している郷土史家《きょうどしか》とよばれる人たちが都合のいい材料を集めて自分の住む地域《ちいき》を邪馬台国《やまたいこく》だと主張《しゅちょう》するパターンです。

邪馬台国候補地《やまたいこくこうほち》と遺跡《いせき》

「ここが邪馬台国《やまたいこく》だ！」と主張《しゅちょう》するとき、都合のいい材料に使われるのが、すでに発掘《はっくつ》されている遺跡《いせき》です。

「このへんに邪馬台国《やまたいこく》があったんですよ」と説得しやすいからでしょう。

代表例は――。

九州説をとなえる人たちが根拠《こんきょ》の材料にしている「**吉野ヶ里《よしのがり》遺跡《いせき》**」（佐賀県神埼郡《さがけんかんざきぐん》吉野ヶ里《よしのがり》町・神埼《かんざき》市）。

「証拠《しょうこ》となる遺跡《いせき》が発掘《はっくつ》されたらいいのにな」と思っているところに、弥生《やよい》時代の巨大《きょだい》な遺跡《いせき》が発掘《はっくつ》されたのです。「邪馬台国《やまたいこく》だ！」と興奮《こうふん》するのもわかります。そのあと、大きな建物が再現《さいげん》され、いかにも邪馬台国《やまたいこく》っぽくアピールされています。でも邪馬台国《やまたいこく》と信じちゃいけません。

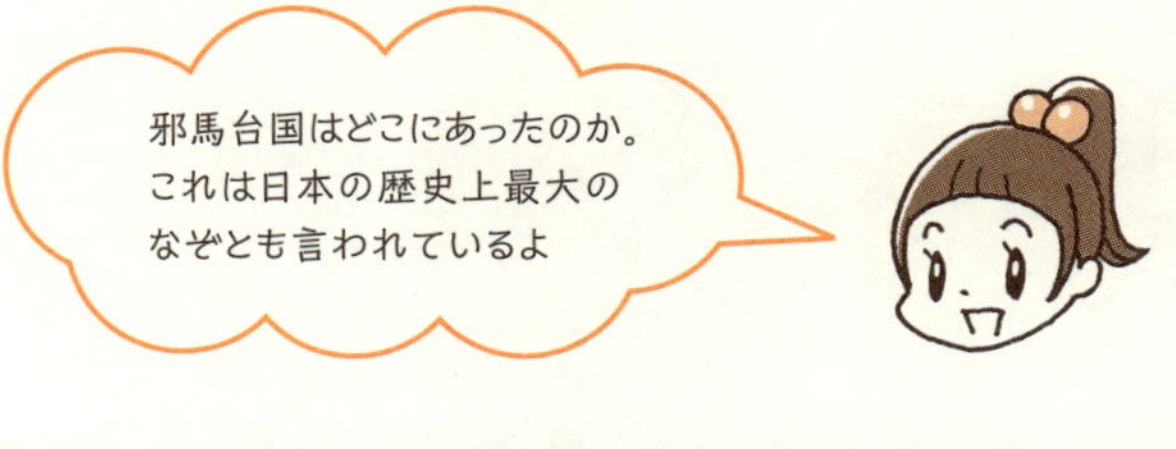
邪馬台国はどこにあったのか。
これは日本の歴史上最大の
なぞとも言われているよ

ただ、まあ、敵《てき》を寄《よ》せつけない壕《ごう》があったり、壕《ごう》のなかに杭《くい》が立てられていたりして、この遺跡《いせき》があった場所で戦がくりかえされていたことは裏《うら》づけられているので、「クニ」のひとつがあったことは、たしかでしょう。

いっぽう畿内《きない》説をとなえる人たちが根拠《こんきょ》の材料にしているのが「**纒向遺跡**《まきむくいせき》」（奈良《なら》県桜井市《けんさくらいし》）。

巨大《きょだい》な遺跡《いせき》であること、周囲に古墳《こふん》がたくさんあること、そして大和朝廷《やまとちょうてい》の中心となった奈良《なら》に位置していることが、「ここが邪馬台国《やまたいこく》だ！」のいちばんの理由でしょう。

証拠《しょうこ》はなにか

邪馬台国《やまたいこく》がどこにあったかを決定づける証拠《しょうこ》は、いくつか考えられます。

ひとつは、『魏志倭人伝《ぎしわじんでん》』で書かれている、中国の国王が卑弥呼《ひみこ》に贈《おく》ったという「銅鏡《どうきょう》一〇〇枚《まい》」。

三角縁神獣鏡《えんしんじゅうきょう》という種類のものと思われていますが、いま現在《げんざい》、日本のどこからも「銅鏡《どうきょう》一〇〇枚《まい》」がまとまって出土していません。もし、まとまって出土したら、その場所が邪馬台国《やまたいこく》だという可能性《かのうせい》が高まります。

ただし！　卑弥呼《ひみこ》が、ほかの「クニ」にプレゼントしたりしている可能性《かのうせい》があるので、そうなれば、まとまって出土しないことになってしまいます。

もうひとつは、やはり『魏志倭人伝《ぎしわじんでん》』に書かれている卑弥呼《ひみこ》の墓《はか》です。巨大《きょだい》な古墳《こふん》だったはず。

巨大《きょだい》な古墳《こふん》ならすぐわかりそうですよね。

ところが、かえってむずかしいのです。どういうことか？

巨大古墳《きょだいこふん》のほとんどは宮内庁《くないちょう》の管轄《かんかつ》で、発掘《はっくつ》することは許《ゆる》されていません。天皇家《てんのうけ》の墓地《ぼち》なんだから、掘《ほ》り返《かえ》すなんてもってのほか！　なわけです。

しかも明治時代はじめ、全国に一六万以上あるとされる古墳《こふん》のうち約九〇〇の古墳《こふん》が、宮内庁《くないちょう》によって「〇〇古墳《こふん》＝〇〇の墓《はか》」と決められています。

ところが！　決められているはずの「〇〇古墳《こふん》＝〇〇の墓《はか》」が、考古学者の研究によれば、正しいとされるのは一部の古墳《こふん》のみだったりするのです。

たとえば大阪府堺市《おおさかふさかいし》にある、世界でいちばん面積が広いとされている巨大古墳《きょだいこふん》は、昭和時代の小学校の社会科の教科書では、宮内庁《くないちょう》が決めたとおり「仁徳天皇陵《にんとくてんのうりょう》」と書

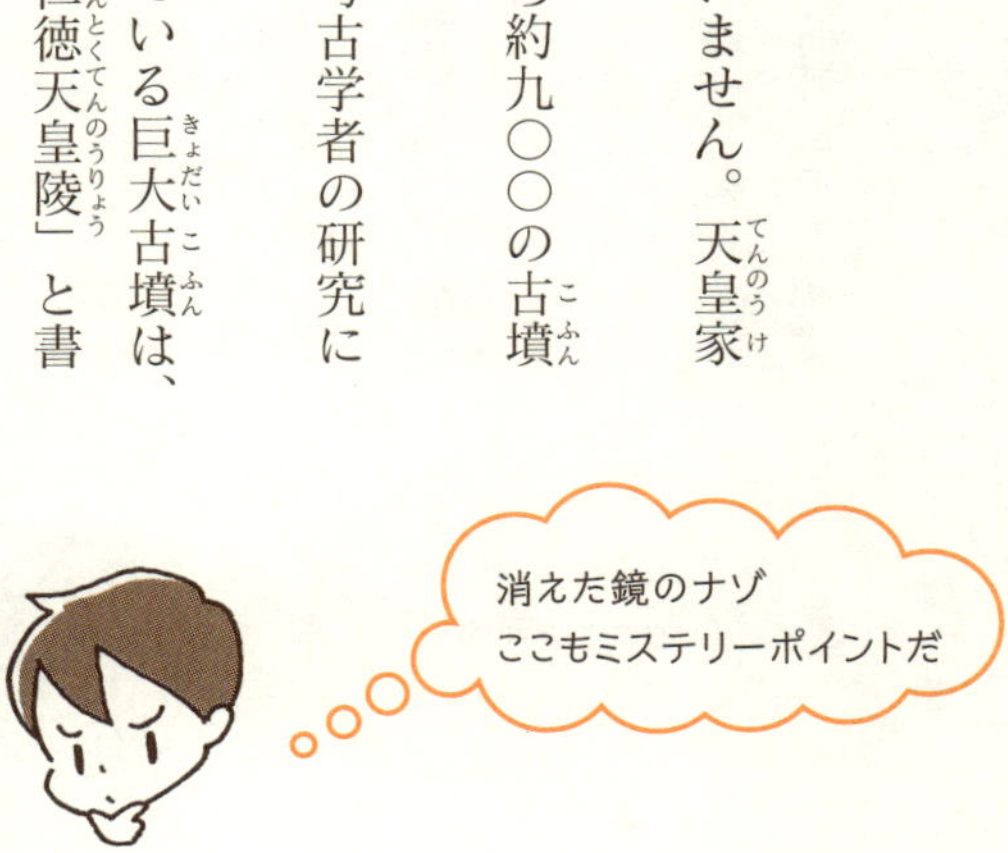
消えた鏡のナゾ
ここもミステリーポイントだ

かれていました（「陵《りょう》」とは天皇《てんのう》・皇后《こうごう》・皇太后《こうたいごう》・太皇太后《たいこうたいごう》の墓《はか》）が、いまの小学校の社会科の教科書では「**大山《だいせん》（大仙）古墳《こふん》**」と書かれているとおりです。

そして宮内庁《くないちょう》が決めた巨大古墳《きょだいこふん》のなかに「卑弥呼《ひみこ》の墓《はか》」はありません。

そこで畿内《きない》説をとなえる人たちのあいだでは、宮内庁《くないちょう》が「第七代孝霊天皇皇女《こうれいてんのうこうじょ》の倭《やまと》迹迹日百襲姫命《ととひももそひめのみこと》の墓《はか》」と決めた**箸墓古墳《はしはかこふん》**（奈良県桜井市《ならけんさくらいし》）が卑弥呼《ひみこ》の墓《はか》の候補《こうほ》になっています。纒向遺跡《まきむくいせき》のすぐそばにあります。

もしも……もしも！　……もしも!!　箸墓古墳《はしはかこふん》を発掘《はっくつ》できたとしましょう。

盗掘《とうくつ》されておらず、棺桶《かんおけ》のなかにちゃんと遺骨《いこつ》があり、いっしょに埋葬《まいそう》された土器や埴輪《はにわ》の製造《せいぞう》年代が卑弥呼《ひみこ》が亡《な》くなった年代とぴったり合ったら、卑弥呼《ひみこ》の墓《はか》と確定《かくてい》される可能性《かのうせい》は高いでしょう。

ですが、これから証拠《しょうこ》を見つけるのは、いまのところ、とってもむずかしいといっていいのです。

え？　クスノキは邪馬台国《やまたいこく》がどこにあったと思っているか？

わたしは、邪馬台国《やまたいこく》にいたる距離《きょり》も方角も正しいと思っています。

ただ弥生《やよい》時代、川には橋がかかっていないので、小舟《こぶね》で川を「水行」するか、歩いて渡《わた》れる上流まで川添《かわぞ》いを「陸行」しなければならなかったでしょう。

だから九州に上陸してからは、地図上で考える以上の日数がかかったはず。

しかも広い土地で稲作《いなさく》をしないと多くの民を養えないので、福岡県《ふくおかけん》南部~熊本県《くまもとけん》北部の平野に邪馬台国《やまたいこく》があったのではないかと思っています。

九州説をとなえているのは、クスノキが福岡県《ふくおかけん》出身だからです。それがなにか？

いやいや、開き直っちゃいけませんね。郷土史家《きょうどしか》さんたちのことを責《せ》められませんね。ごめんなさいでした。

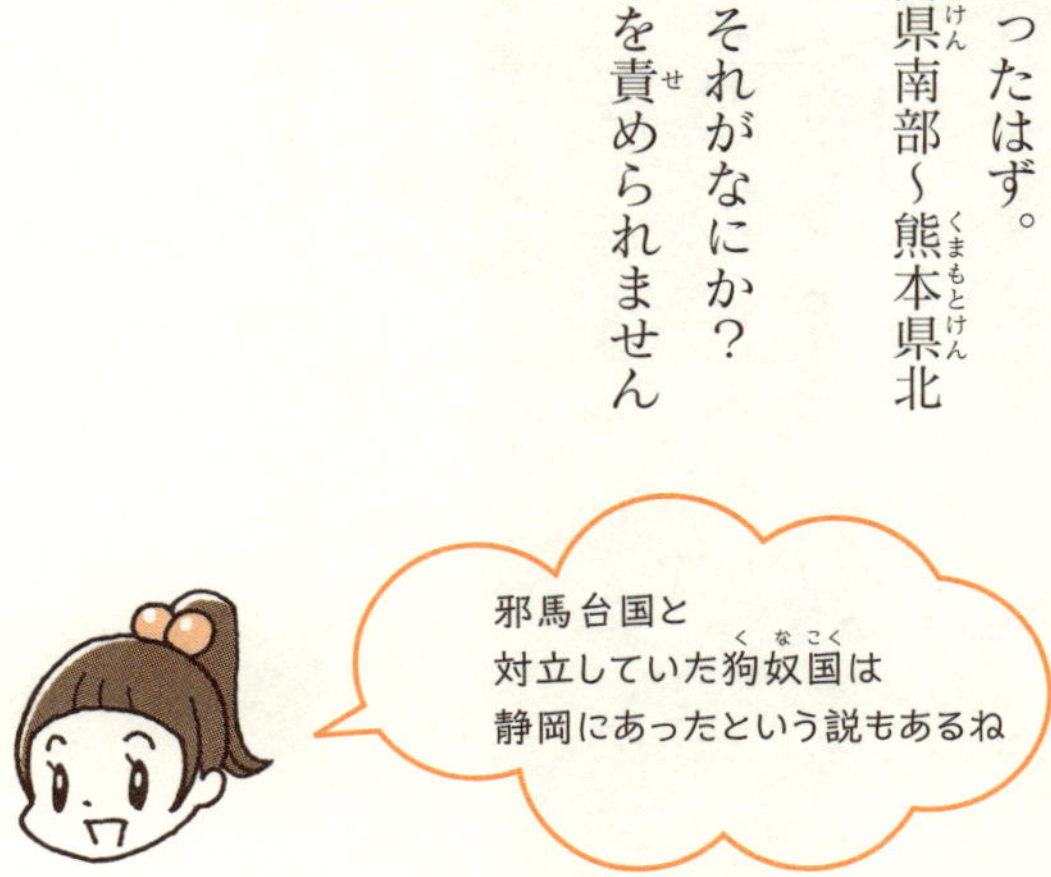
邪馬台国と
対立していた狗奴国《くなこく》は
静岡にあったという説もあるね

エピソード

2

聖徳太子《しょうとくたいし》って、だれ？

国会でも議論《ぎろん》された教科書問題

ここ数年、新聞記事をにぎわせている歴史上の人物のひとりに「聖徳太子《しょうとくたいし》」がいます。

なぜ「聖徳太子《しょうとくたいし》」とカギカッコつきで書くかは、そのうちに、わかってもらえると思います。

昭和時代以前、この人物の名前は「聖徳太子《しょうとくたいし》」以外にありえませんでした。

いま日本銀行が発行している紙幣《しへい》(お札)の肖像画《しょうぞうが》に「聖徳太子《しょうとくたいし》」はいません。ですが昭和一九年(一九四四)に百円札の肖像画《しょうぞうが》モデルとして登場してから、いまの一万円札の「福沢諭吉《ふくざわゆきち》」に交替《こうたい》するまで、「聖徳太子《しょうとくたいし》」は日本の最高額紙幣《さいこうがくしへい》の「顔」だったのです。

ですから、たとえ小学校の社会科の教科書を開かなくても「聖徳太子《しょうとくたいし》」を知らない日本人はいなかったのです。

紙幣《しへい》の肖像画《しょうぞうが》に描《えが》かれた「聖徳太子《しょうとくたいし》」については、またあとで触《ふ》れるとして……。

問題は、教科書です!!

いきなり大声を出してごめんなさいね。

昭和時代は小学校・中学校の社会科の教科書、高校の日本史の教科書には、あの人物は「聖徳太子《しょうとくたいし》」と書かれていました。

ところが、いまでは高校の日本史の教科書には「**厩戸王《うまやどおう》(聖徳太子《しょうとくたいし》)**」と書かれるようになっています。

平成二九年（二〇一七）のこと、小学校と中学校の社会科の教科書表記にあたって、国会でも審議《しんぎ》される事件《じけん》が起きました。

まず文部科学省は、こう提案《ていあん》しました。

小学校＝聖徳太子《しょうとくたいし》（厩戸王《うまやどおう》）
中学校＝厩戸王《うまやどおう》（聖徳太子《しょうとくたいし》）

ところが一部の議員から「聖徳太子《しょうとくたいし》の業績《ぎょうせき》に否定《ひてい》的な見解《けんかい》を持っている」とか「歴史に対する冒瀆《ぼうとく》だ」などという意見が出た結果、平成二九年の段階《だんかい》では、近い将来《しょうらい》の教科書の表記は、こうなりました。

小学校＝聖徳太子《しょうとくたいし》
中学校＝聖徳太子《しょうとくたいし》

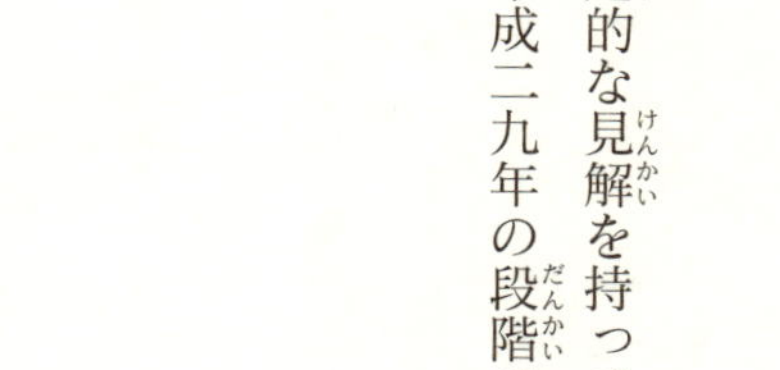

ただし、「『古事記』や『日本書紀』で『厩戸王《うまやどおう》（厩戸皇子《うまやどのおおきみ》）』などと表記され、のちに『聖徳太子《しょうとくたいし》』と称《しょう》されるようになったことに触《ふ》れる」と。

なぜ、このようなことが起きるのでしょうか。

厩戸王《うまやどおう》（厩戸皇子《うまやどのおおきみ》）のち聖徳太子《しょうとくたいし》!?

たとえば「織田信長《おだのぶなが》」の名前の表記が国会で議論《ぎろん》されることはありません。なぜかというと、名前にうたがいようがないからです。

議論《ぎろん》されるということは、うたがう材料があるから、ということになります。

そもそも「聖徳太子《しょうとくたいし》」は、どんな立場かを説明しますね。

父親＝用明天皇《ようめいてんのう》

母親＝穴穂部間人皇女《あなほべのはしひとのひめみこ》（欽明天皇《きんめいてんのう》の娘《むすめ》）

そして生まれたのが「厩《うまや》の戸の前」だから「厩戸《うまやど》」と命名されたという説が有名です。はっきりしたことはわかりません。

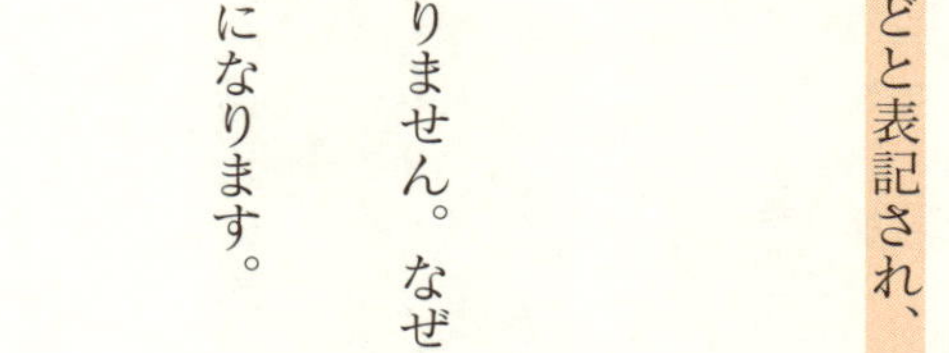
厩《うまや》というのは
馬小屋のことね！

ちなみに「厩戸《うまやど》」の読みは、ここで使っている「うまやど」のほか「うまやと」という読み方もあります。どちらが正しい、どちらがまちがいというわけではありません。なぜなら史料となる昔の文書には読み方がついていないからです。

ですが「厩戸《うまやど》」の二文字にうたがいをもったら話が前に進みませんから、「厩戸《うまやど》」と命名されたことだけ覚えていてください。

「厩戸《うまやど》」と命名された皇子《おうじ》（天皇《てんのう》の子）について、史料がどう伝えているか。具体的に見ていきますね。

史料はいくつかありますが、きりがないので、有名な**『古事記』**と**『日本書紀』**に書かれているものを挙げます。

ちなみに『古事記』も『日本書紀』も史料ですが、『古事記』のほうが物語色がこく、信憑性《しんぴょうせい》がうすめです。

『古事記』＝上宮之厩戸豊聡耳命《うへつみやのうまやとのとよとみみのみこと》

『日本書紀』＝厩戸皇子《うまやとのみこ》など

有名な『古事記』と『日本書紀』に「厩戸王《うまやどおう》」と書かれていないのに、なぜ教科書表記が「厩戸皇子《うまやどのおおきみ》」ではなく「厩戸王《うまやどおう》」になっているのかはわかりません。なんで？

ま、教科書どおり「厩戸王《うまやどおう》」を優先《ゆうせん》させていくことにします。

ずっと「厩戸王《うまやどおう》（厩戸皇子《うまやどのおおきみ》）」と表記されていた人物が、亡《な》くなって一二九年が経《た》った奈良《なら》時代後期の天平勝宝《てんぴょうしょうほう》三年（七五一）につくられた漢詩集『懐風藻《かいふうそう》』の序《じょ》文《ぶん》（「はじめに」にあたるところ）ではじめて「聖徳太子《しょうとくたいし》」と書かれて登場し、以後、史料は「聖徳太子《しょうとくたいし》」で統一《とういつ》されていきます。

つまり奈良《なら》時代後期に――。

厩戸王《うまやどおう》（厩戸皇子《うまやどのおおきみ》）→聖徳太子《しょうとくたいし》

となったのです。だから――。

1 厩戸王《うまやどおう》（厩戸皇子《うまやどのおおきみ》）と聖徳太子《しょうとくたいし》は同一人物

2 厩戸王《うまやどおう》（厩戸皇子《うまやどのおおきみ》）と聖徳太子《しょうとくたいし》は別人

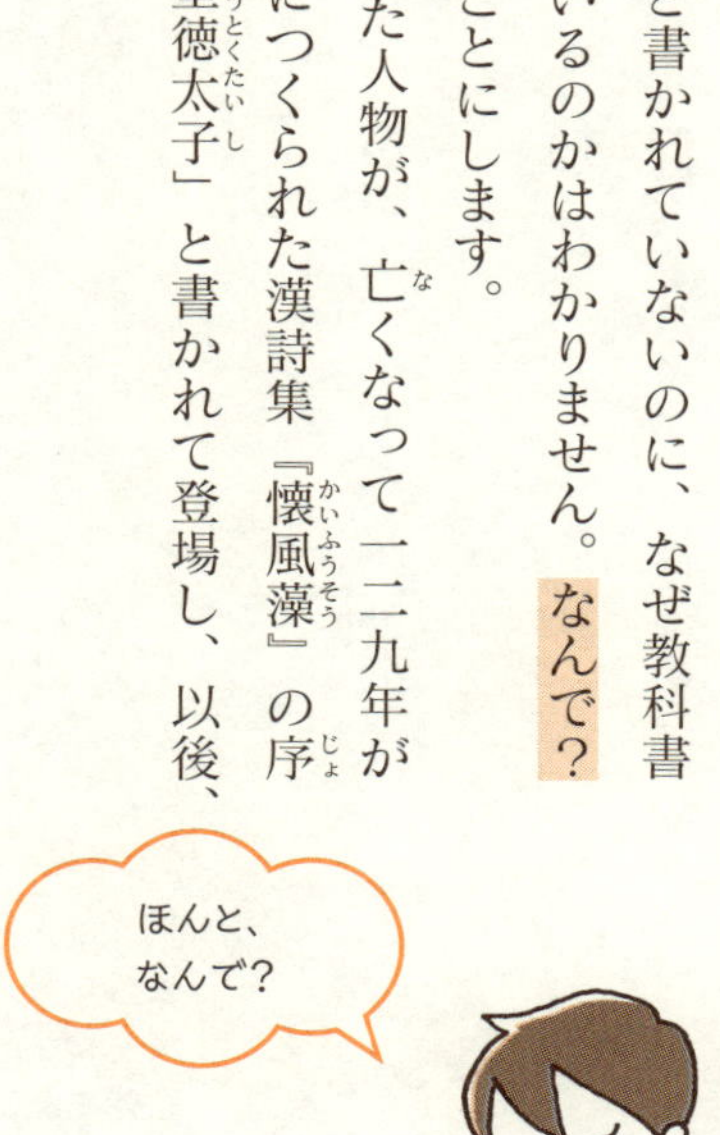

という見方も出てくるのです。

別人とすると、また話がややこしくなるので、同一人物前提《ぜんてい》で話を進めます。

「聖徳太子《しょうとくたいし》」はどうすごかった？

厩戸王《うまやどおう》（厩戸皇子《うまやどのおおきみ》）という皇子《おうじ》は、なぜ、のちに「聖徳太子《しょうとくたいし》」と書かれることになったのでしょうか。

言いかえるなら、なぜ「聖徳太子《しょうとくたいし》」と、あとづけされたのでしょうか。

「聖徳太子《しょうとくたいし》」の「聖徳《しょうとく》」の二文字をよく見てください。

「聖徳《しょうとく》」＝「せいとく」

と読みます。「天子の徳《とく》」「最高の徳《とく》」を意味しています。

厩戸王《うまやどおう》（厩戸皇子《うまやどのおおきみ》）の死後しばらくたってから、だれかが「厩戸王《うまやどおう》（厩戸皇子《うまやどのおおきみ》）はすごかったから『聖徳太子《しょうとくたいし》』って命名しよう！」と。

なにが、どう、すごかったのでしょうか。

聖徳太子《しょうとくたいし》は、女性《じょせい》の推古天皇《すいこてんのう》の**摂政《せっしょう》**として、**冠位《かんい》十二階**（貴族《きぞく》や官僚《かんりょう》の階級分け）、

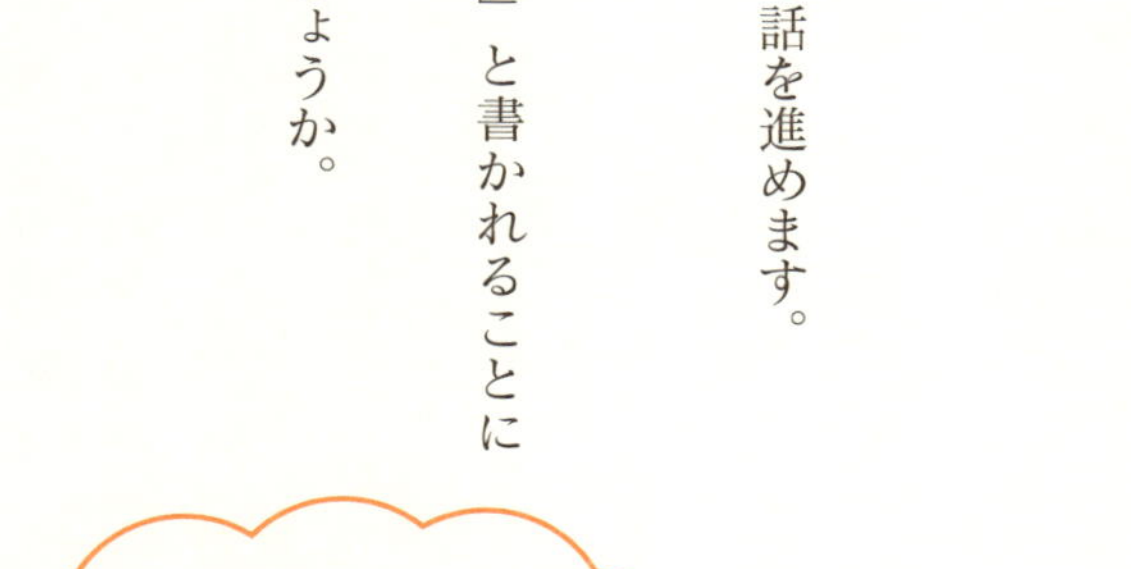
摂政は天皇が幼かったり
女性の場合（失礼ね！）に
天皇にかわって
政治をおこなうことだよね

十七条《じゅう》の憲法《けんぽう》（貴族《きぞく》や階級に道徳《どうとく》を説いた条文《じょうぶん》）の制定《せいてい》、小野妹子《おののいもこ》（男性《だんせい》ですよ）ら**遣隋使《けんずいし》の派遣《はけん》**、仏教《ぶっきょう》を広めるために**法隆寺《ほうりゅうじ》・四天王寺《してんのうじ》**などを建立したことで知られています。

なのに「厩戸王《うまやどおう》（皇子《おうじ》）？　名前に厩《うまや》の戸？　カッコ悪くない？　名前をカッコよくしちゃおう！　どうせなら、めちゃめちゃカッコいい名前にしちゃおう！」とでも思ったのでしょうか。

太子信仰《しんこう》

「聖徳太子《しょうとくたいし》」はいつからカッコいい存在《そんざい》になったのでしょうか。

はじめて「聖徳太子《しょうとくたいし》」の四文字が登場した天平勝宝《てんぴょうしょうほう》三年（七五一）かと思えば、そうではありませんでした。

『日本書紀』がつくられた養老《ようろう》四年（七二〇）には、すでにカッコいい存在《そんざい》だったのです。その証拠《しょうこ》は、『日本書紀』に登場する厩戸王《うまやどおう》（厩戸皇子《うまやどのおおきみ》）の有名な伝説です。

1　**一を聞き十を知り、十を聞き百を知る。**

2　一〇人の訴《うった》えを同時に聞き、いちいちに答えた。

聞いたことがある人もいるかもしれません。おとなのかたなら、ご存《ぞん》じではないでしょうか。

『日本書紀』がつくられた奈良《なら》時代には、すでに「聖徳太子《しょうとくたいし》」はカッコいい存在《そんざい》で、やがて日本人は「聖徳太子《しょうとくたいし》」を崇《あが》め奉《たてまつ》るようになります。信仰《しんこう》の対象となったのです。

これを「**太子信仰《しんこう》**」といいます。

「聖徳太子《しょうとくたいし》さまは菩薩《ぼさつ》さまだ！」「聖徳太子《しょうとくたいし》さまは救世観世音菩薩《ぐぜかんぜおんぼさつ》（救世観音《ぐぜかんのん》）だ！」というようになり、浄土《じょうど》教が広まると、「聖徳太子《しょうとくたいし》こそ、はじめて極楽に行った人だ！　だから信仰《しんこう》すれば自分たちも極楽に行ける！」と勝手に信じるようになっていくのです。

イエス・キリストとの共通点!?

ところで「聖徳太子《しょうとくたいし》」とイエス・キリストに共通点があることを知っていますか？

1 穴穂部間人皇女《あなほべのはしひとのひめみこ》の口から救世観世音菩薩《ぐぜかんぜおんぼさつ》（救世観音《ぐぜかんのん》）が入ったことで聖徳太子《しょうとくたいし》をお腹《なか》に宿した。
マリアは聖霊《せいれい》によってイエスをお腹《なか》に宿した。

2 聖徳太子《しょうとくたいし》は厩《うまや》の戸の前で生まれた。
イエスも馬小屋で生まれた。

3 聖徳太子《しょうとくたいし》は、十七条《じょう》の憲法《けんぽう》第一条《じょう》で「仲よくすることが大切である」といい、第十条《じょう》で「他人が自分に逆《さか》らっても怒《おこ》るな。自分も他人も絶対《ぜったい》的に正しいということはない」といっている。
『新約聖書《せいしょ》』には「汝《なんじ》を愛するがごとく、汝《なんじ》、隣人《りんじん》を愛せよ」という言葉がある。

のちの世にこじつけたものと思われることもありますが、じつは奈良《なら》時代にはキリスト教の考えが日本に入っていて、『日本書紀』に影響《えいきょう》を与《あた》えたという説があるのです。

そのキリスト教とは、ネストリウス派《は》というもので、中国では「景教《けいきょう》」とよばれ、遣唐使《けんとうし》によって日本にもたらされたのです。

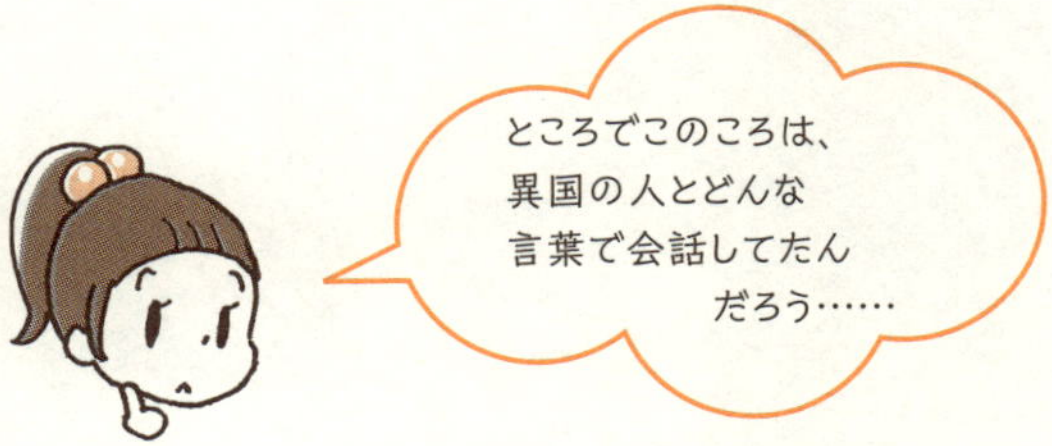
ところでこのころは、
異国の人とどんな
言葉で会話してたん
だろう……

この説が、ほんとうかどうかはわかりませんけどね。

聖徳太子《しょうとくたいし》の顔のなぞ

冒頭《ぼうとう》で紙幣《しへい》の話をしました。

いちばん最後の「聖徳太子《しょうとくたいし》の一万円札」の肖像画《しょうぞうが》のところにも、はっきり「聖徳太《しょうとくたい》子《し》」と書かれているのですが、じつは、あのモデルは聖徳太子《しょうとくたいし》ではないのです！

というと、おどろいてしまいますね。

肖像画《しょうぞうが》の正式名称《めいしょう》は「唐本御影型摂政太子像《とうほんみえいがたせっしょうたいしぞう》」といいます。

推古天皇《すいこてんのう》の時代に百済《くだら》から日本にやってきた阿佐太子《あさたいし》という絵師《えし》がかいたものとされていますが、じつは奈良《なら》時代にかかれたものではないかとされており、「聖徳太子《しょうとくたいし》」がモデルというわけではないのです。

中国や朝鮮《ちょうせん》半島の古墳《こふん》の壁画《へきが》に同じような肖像画《しょうぞうが》があって、あの長いひげは、なんと！　あとでかき足されたものとされています。

ですが古くから教科書に「聖徳太子《しょうとくたいし》」として掲載《けいさい》されたり、紙幣《しへい》のモデルになった

聖徳太子（!?）

りしているので、いまでは「伝・聖徳太子《しょうとくたいし》」と書かれることが増《ふ》えています。

「名前」も、あとからつけられたもの。

肖像画《しょうぞうが》も、あとから「聖徳太子《しょうとくたいし》」とされたもの。

史料を読むかぎり「厩戸王《うまやどおう》（厩戸皇子《うまやどのおおきみ》）のち聖徳太子《しょうとくたいし》」。

クスノキ的には、「厩戸王《うまやどおう》（厩戸皇子《うまやどのおおきみ》）」はいたといってもいいと思います。ですが、

「聖徳太子《しょうとくたいし》」は、ほんとうにいたのでしょうか。

奈良時代以降《ならじだいいこう》に、信仰《しんこう》とともに日本人が創造《そうぞう》した「人としての理想像《ぞう》」なのではないかと思えてきてしまいます。

聖徳太子はほんとうにいたのか
なんて考えたこともなかった!!

エピソード

3

紫式部《むらさきしきぶ》はひとりじゃなかった?

『源氏《げんじ》物語』って なに? 紫式部《むらさきしきぶ》って?

みなさんは『源氏《げんじ》物語』を読んだことがありますか?

読んだことがなくても、その名前を聞いたことがある人は多いのではないでしょうか。

『源氏《げんじ》物語』は、正し

くは『源氏《げんじ》の物語』といいます。書かれたのは平安時代。桐壺帝《きりつぼてい》と桐壺更衣《きりつぼのこうい》の第二皇子《おうじ》「光源氏《ひかるげんじ》」が主人公の恋愛《れんあい》小説です。光源氏《ひかるげんじ》が主人公の物語だから『源氏《げんじ》物語』というわけです。

似《に》たようなタイトルに『平家物語』があります。ですが『平家物語』は、平清盛《たいらのきよもり》を中心とした平氏の軍記物語なので、タイトルは似《に》ていても『源氏《げんじ》物語』とはぜんぜんちがいます。

『源氏《げんじ》物語』を書いたのは、紫式部《むらさきしきぶ》。女性《じょせい》なんですが、いくら平安時代とはいえ、ヘンな名前ですよね。

じつは、これは、あとになってつけられた名前。

本名は、わかっていません。

父親は、学者で詩人の藤原為時《ふじわらのためとき》。

このことから苗字《みょうじ》が「藤原《ふじわら》」なのはたしかですが、名前がわかっていないのです。

一部の学者が「藤原香子《ふじわらのこうし》」ではないかという説を発表していますが、反論《はんろん》も多いので定説になっていません。

紫式部《むらさきしきぶ》の生没年《せいぼつねん》は不詳《ふしょう》ですが、天延《てんえん》元年（九七三）生まれという説にしたがうと、数《かぞえ》二六歳《さい》（数＝数え年。以下同）か二七歳《さい》のときに、官吏《かんり》の藤原宣孝《ふじわらののぶたか》と結婚《けっこん》し、翌《よく》年《ねん》、娘《むすめ》を産んでいます。ですが娘《むすめ》が生まれた翌年《よくねん》、夫と死別。シングルマザーになりました。

そのあと三四歳《さい》のころ、一条天皇《いちじょうてんのう》の中宮《ちゅうぐう》（皇后《こうごう》）**藤原彰子**《ふじわらのしょうし》の女房《にょうぼう》となって、宮中で働くようになります。藤原彰子《ふじわらのしょうし》は中宮彰子《ちゅうぐうしょうし》と書かれることも多いです。

藤原彰子《ふじわらのしょうし》の女房《にょうぼう》となってからの名前は「藤式部《ふじしきぶ》」。「式部」は父為時《ためとき》の官位（式部省の官吏《かんり》）に由来するという説などがあります。

では「紫式部《むらさきしきぶ》」はペンネームかというとそうでもなく、あとになって命名されたもの。『源氏《げんじ》物語』に登場する、光源氏《ひかるげんじ》が自分の理想の女性《じょせい》に育てた「紫《むらさき》の上《うえ》」から「紫《むらさき》」の一文字をとり、「式部」にくっつけて、「紫式部《むらさきしきぶ》」とよばれるようになったのではないかといわれています。

『源氏《げんじ》物語』はどんな物語？

『源氏《げんじ》物語』が、天皇《てんのう》の皇子《おうじ》「光源氏《ひかるげんじ》」を主人公とした物語と書きましたが、もっともっと、わかりやすくいうと、イケメンでマザコンでプレイボーイの光源氏《ひかるげんじ》が理想の

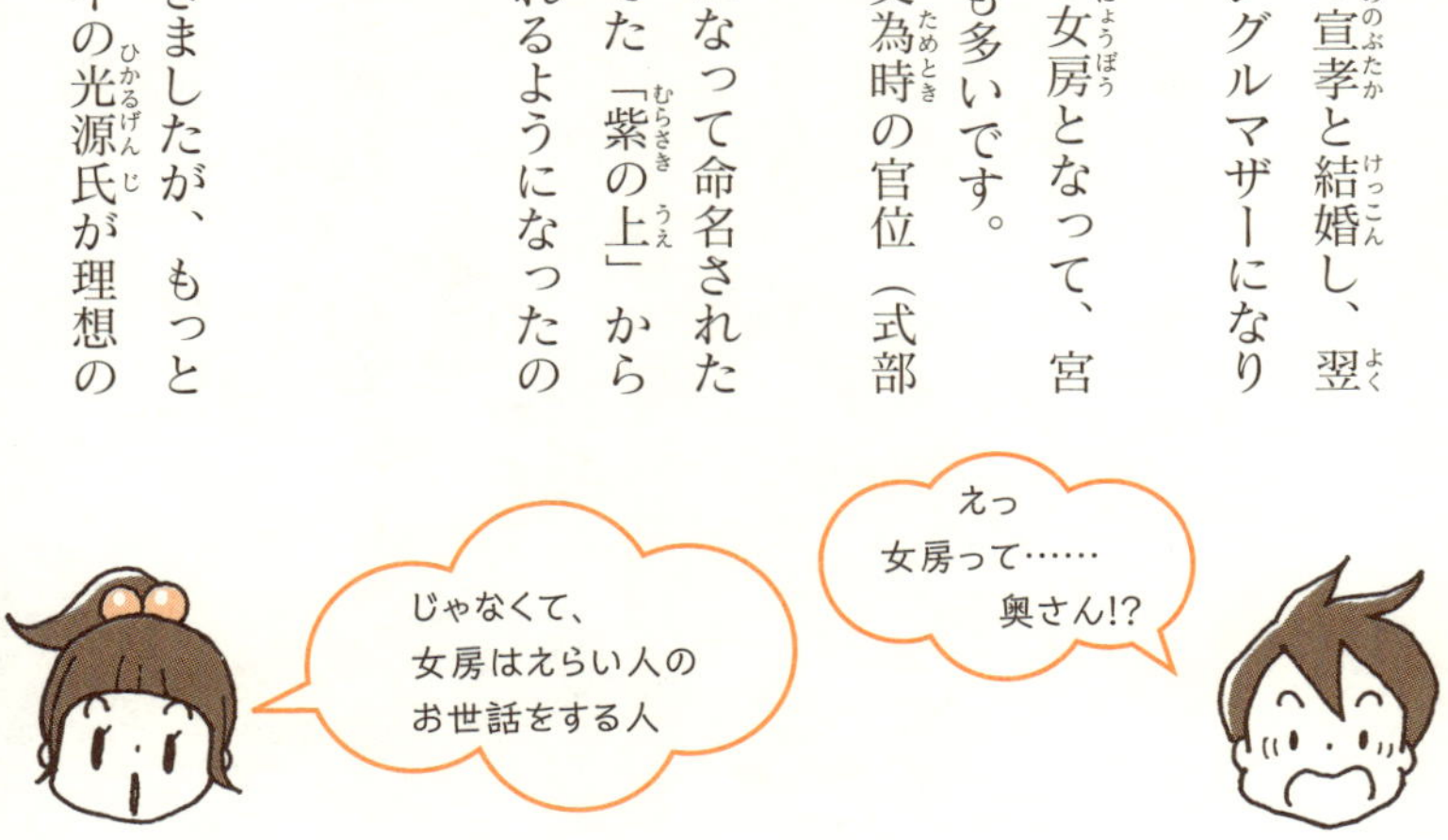
えっ
女房って……
奥さん!?
じゃなくて、
女房はえらい人の
お世話をする人

女性《じょせい》をもとめつづけ、美女もたくさん登場する夢物語《ゆめものがたり》。

というと身も蓋《ふた》もありませんから、少しまじめに書きますね。

三歳《さい》のときに亡《な》くしてしまった母桐壺更衣《きりつぼのこうい》のおもかげをもとめて（このあたりがマザコン）、父親の中宮藤壺女御《ちゅうぐうふじつぼのにょうご》との恋《こい》に苦しんだ光源氏《ひかるげんじ》は、葵《あおい》の上《うえ》と結婚《けっこん》するが妻《つま》との関係は冷え冷え。まだ一〇歳《さい》くらいだったと思われる紫《むらさき》の上《うえ》を理想の女性《じょせい》に育てて事実上の妻《つま》とする（このあたりはフリン）。ところが、その紫《むらさき》の上《うえ》が死んでしまったことを悲しんだ光源氏《ひかるげんじ》は出家してしまう。以上の三人がおもな女性《じょせい》ですが、プレイボーイですから、ほかにもたくさんの女性《じょせい》が登場してきます。最後は、光源氏《ひかるげんじ》の息子の恋愛《れんあい》物語となっていきます。

かつては「世界最古の長編《ちょうへん》小説」とか「世界最長の小説」とかいわれたこともありましたが、いまは否定《ひてい》されています。

とにかく長い物語ですし、古文です。オリジナルを読むのはたいへんですので、これまで、与謝野晶子《よさのあきこ》、谷崎潤一郎《たにざきじゅんいちろう》、円地文子《えんちふみこ》、現役《げんえき》の方では田辺聖子《たなべせいこ》さん、瀬戸内《せとうち》寂聴《じゃくちょう》さんらによって現代語訳《げんだいごやく》されてきました。

また漫画化《まんがか》もされ、『あさきゆめみし』（作　大和和紀《やまとわき》）が有名です。

ほかにもパソコンやスマートフォンで恋愛《れんあい》ゲームの題材にもされています。

いかに日本人に親しまれてきた物語かわかります。

執筆《しっぴつ》期間は短かった？

『源氏《げんじ》物語』は、いまのような本ではなく、錐《きり》で穴《あな》をあけてひもで結ぶ和綴《わと》じ本でした。

通説では五四帖《じょう》（巻）とされています。

なかにはタイトルだけ残って現物《げんぶつ》がないものがあったり、ひとつの帖《じょう》をふたつに分けて数える方法があったり、いくつかをまとめてひとつに数える方法もあったりするので、はっきりしたことはわかっていません。

いずれにしても、長い物語なのはたしかで、四〇〇字詰原稿用紙《じづめげんこうようし》で二五〇〇枚《まい》前後とされています。いま、みなさんが手にとっているこの本の一〇冊《さつ》分くらいと思ってください。

では紫式部《むらさきしきぶ》は、『源氏《げんじ》物語』をいつ書いたのでしょうか。

これには、たくさんの説が存在《そんざい》しますが、紫式部《むらさきしきぶ》が宮中にいたころに書いた日記

『紫式部日記《むらさきしきぶ》』の寛弘《かんこう》五年（一〇〇八）一一月ごろに『源氏《げんじ》物語』の清書本の製本《せいほん》をした記述《きじゅつ》があります。

とはいえ、寛弘《かんこう》五年（一〇〇八）にすべて完成したのではなく、大部分、もしくは一部と思われます。なぜなら『源氏《げんじ》物語』はすべて脱稿《だっこう》して「えいや！」と清書本を製本《せいほん》したのではなく、何段階《だんかい》かにわけて製本《せいほん》したからです。

平安時代ですから、もちろん印刷技術《ぎじゅつ》はありません。

紫式部《むらさきしきぶ》が清書本を製本《せいほん》し、それを同時代の権力者《けんりょくしゃ》、藤原道長《ふじわらのみちなが》にわたして読ませ、さらに宮中でまわし読みされ、彼女《かのじょ》の死後は、オリジナルはどこかに保管《ほかん》され、筆写された写本（コピー）が出まわりつづけたのです。だから、古い史料《しりょう》に「〇〇本」と書かれているのです。

たとえば、もし『源氏《げんじ》物語』を本書の刊行《かんこう》元の静山社が独自《どくじ》で筆写していたら「静山社本」といわれるわけです。

話をもどします。

寛弘《かんこう》五年（一〇〇八）の段階《だんかい》で、ある程度《ていど》まとまった『源氏《げんじ》物語』ができていたと

手書きで2500枚分も!!
ムリー

仮定《かてい》すると、執筆《しっぴつ》開始時期は、いつか。

結婚《けっこん》前だろう、結婚《けっこん》後だろう、いやいや、約五〇〇人も登場人物がいる物語を矛盾《むじゅん》なく読ませているんだ、わずか数年で一気に書いたにちがいない、という説まであるのです。

でも、いまみたいにパソコンがあるわけではないですし、鉛筆《えんぴつ》や万年筆じゃなく筆！で書いているのです。四〇〇字詰《じづめ》二五〇〇枚《まい》分も文字を書くだけでも時間がかかります。

まして紫式部《むらさきしきぶ》は『源氏《げんじ》物語』を書いているだけでいい、というくらしをしていたわけではありません。

結婚《けっこん》前はお嬢《じょう》さまでした。でも……。
結婚《けっこん》後＝妻《つま》、母。
夫が他界後＝シングルマザー。
宮仕え後＝シングルマザー、キャリアウーマン。

結婚《けっこん》後は、家事をしながら、または宮中での仕事をしながら、物語を書きつづけたのですから、短時間で書き上げたとは考えにくいです。

これまで多くいわれているのが、夫を亡《な》くした長保《ちょうほう》三年（一〇〇一）から、宮中で働くようになる寛弘《かんこう》二年（一〇〇五）か寛弘《かんこう》三年（一〇〇六）のあいだに大部分を執《しっ》筆《ぴつ》。寛弘《かんこう》五年（一〇〇八）にかなりの部分の清書本を製本《せいほん》しただろうというものです。

ただ完成したのがいつかは、わかっていません。宮中ではいそがしいでしょうから、キャリアウーマンをやめてから残りを書いたとも考えられるのです。

複数執筆《ふくすうしっぴつ》説まである！

ぜんぶで五四帖《じょう》もある『源氏《げんじ》物語』ですが、紫式部《むらさきしきぶ》が一〇〇パーセント書いていないという説があるのです。

1 **父藤原為時《ふじわらのためとき》があらすじを書いて、紫式部《むらさきしきぶ》が細部を書いた。**

2 **紫式部《むらさきしきぶ》が書いたあとに、娘《むすめ》の大弐三位《だいにのさんみ》（本名は藤原賢子《ふじわらのけんし》）が書き加えた。**

3 **だれかはわからないが、一部はちがう者が書いた。**

紫式部の娘も
歌人として有名だったんだって

4 **紫式部《むらさきしきぶ》が書いたオリジナルに藤原道長《ふじわらのみちなが》が加筆した。**

5 **古典物語の多くは写本に加筆していくことが多いから、『源氏《げんじ》物語』も長いあいだにたくさんの人の手が加わっている。**

6 **「紫式部《むらさきしきぶ》」という流派《りゅうは》全体で書いたもの。**

紫式部《むらさきしきぶ》が女性《じょせい》だから、ひとりであんなにたくさん書けたはずがない、という考えからこれらの説が登場したのなら、とんでもない差別なわけです。

クスノキとしては、何年、何十年かかってでもいいから、紫式部《むらさきしきぶ》ひとりで書いていてほしいと思うのです。え？　筆づかいがちがうところがある？　そりゃそうですよ。何年もかかって書いていれば、筆づかいくらいかわってきますよ。

あ、そうそう。

紫式部《むらさきしきぶ》は日記のなかで、宮中でのできごとをエッセイ『枕草子《まくらのそうし》』にまとめた清《せい》少納言《しょうなごん》のことを「得意顔で漢字を書きちらしている」など批判《ひはん》していることから、ライバル関係にあったように思われています。でも、じつは、紫式部《むらさきしきぶ》が藤原彰子《ふじわらのしょうし》のそばで働きはじめたときには、すでに清少納言《せいしょうなごん》は宮中を去ったあとなので、ふたりが顔を合わせることはありませんでした。

その清少納言《せいしょうなごん》は宮中でかき氷を食べ、紫式部《むらさきしきぶ》はイワシが大好物だったとされています。

エピソード

4

平清盛《たいらのきよもり》は天皇《てんのう》の子だった？

源頼朝《みなもとのよりとも》と平清盛《たいらのきよもり》、どっちが人気？

道を歩いている、とくに歴史に興味《きょうみ》がない人、小学校から高校までのあいだに歴史に触《ふ》れた程度《ていど》の人に、こう聞いてみたとしましょう。

Q　源《みなもとの》頼朝《よりとも》と平清盛《たいらのきよもり》、どっちが好きですか？

じっさいに試してはいませんが、平成二四年（二〇一二）にNHK大河《たいが》ドラマで『平清盛《たいらのきよもり》』を放映《ほうえい》する前までは——。

A　源《みなもとの》頼朝《よりとも》

と答える人が多かったのではないかと思います。

理由は、いくつか考えられます。

1　残されている肖像画《しょうぞうが》が、平清盛《たいらのきよもり》よりもイケメンだから。

というのはさておき、やはりいちばん大きな理由は——。

2　源《みなもとの》頼朝《よりとも》は鎌倉幕府《かまくらばくふ》を開いた人だから。

でしょう。

みなさんもご存《ぞん》じの源《みなもとの》頼朝《よりとも》の肖像画《しょうぞうが》が「源《みなもとの》頼朝《よりとも》ではない説がある」というのはさておき、イケメンですね。

では、もうひとつ質問《しつもん》を設定《せってい》しましょう。

源頼朝

平清盛

Q　日本で最初の武家政権《ぶけせいけん》はだれが打ち立てましたか？

この質問《しつもん》にたいして、やはり多くの人は、こう答えると思います。

A　源　頼朝《みなもとのよりとも》

はじめて武士《ぶし》による幕府《ばくふ》を開いたのは源　頼朝《みなもとのよりとも》とされています。

ですが、それはほんとうなのでしょうか。

「幕府《ばくふ》」という名称《めいしょう》はなかったにしても、日本ではじめて武家政権《ぶけせいけん》を開いたのは、いままでは、平　清盛《たいらのきよもり》だとされているのです。

しかも源　頼朝《みなもとのよりとも》よりもすぐれている、というか恵《めぐ》まれている決定的な理由がありま
す。

平　清盛《たいらのきよもり》は、天皇《てんのう》のご落胤《らくいん》、つまり隠《かく》し子《ご》だったのです！

すべての要因《よういん》は白河院《しらかわいん》

人名事典などでは、平　清盛《たいらのきよもり》の両親は、こうなっています。

父＝平忠盛《たいらのただもり》
母＝不明。

母親については、白河法皇《しらかわほうおう》が晩年《ばんねん》に寵愛《ちょうあい》した祇園女御《ぎおんのにょうご》説、祇園女御《ぎおんのにょうご》の妹説、祇園女御《ぎおんのにょうご》のお世話をしていた女性《じょせい》説などがあって、はっきりしません。

ただ！　当時からうわさになっていたのは「平清盛《たいらのきよもり》は白河法皇《しらかわほうおう》の子らしい」というもの。

白河法皇《しらかわほうおう》が宮仕えする女性《じょせい》を平忠盛《たいらのただもり》に嫁《とつ》がせた。といえば何事もなかったようですが、自分の愛人のひとりを平忠盛《たいらのただもり》に押《お》しつけたら、その女性《じょせい》が妊娠《にんしん》していたというわけなのです。

そんなことありえない？　いいえ、さもありなん、なんです。

じつは、白河法皇《しらかわほうおう》という人、とんでもない人だったのです。怪物《かいぶつ》といってもいいくらいに。

天皇《てんのう》が隠退《いんたい》して上皇《じょうこう》、さらに法皇《ほうおう》となって政治《せいじ》をおこなうことを「院政《いんせい》」といいま

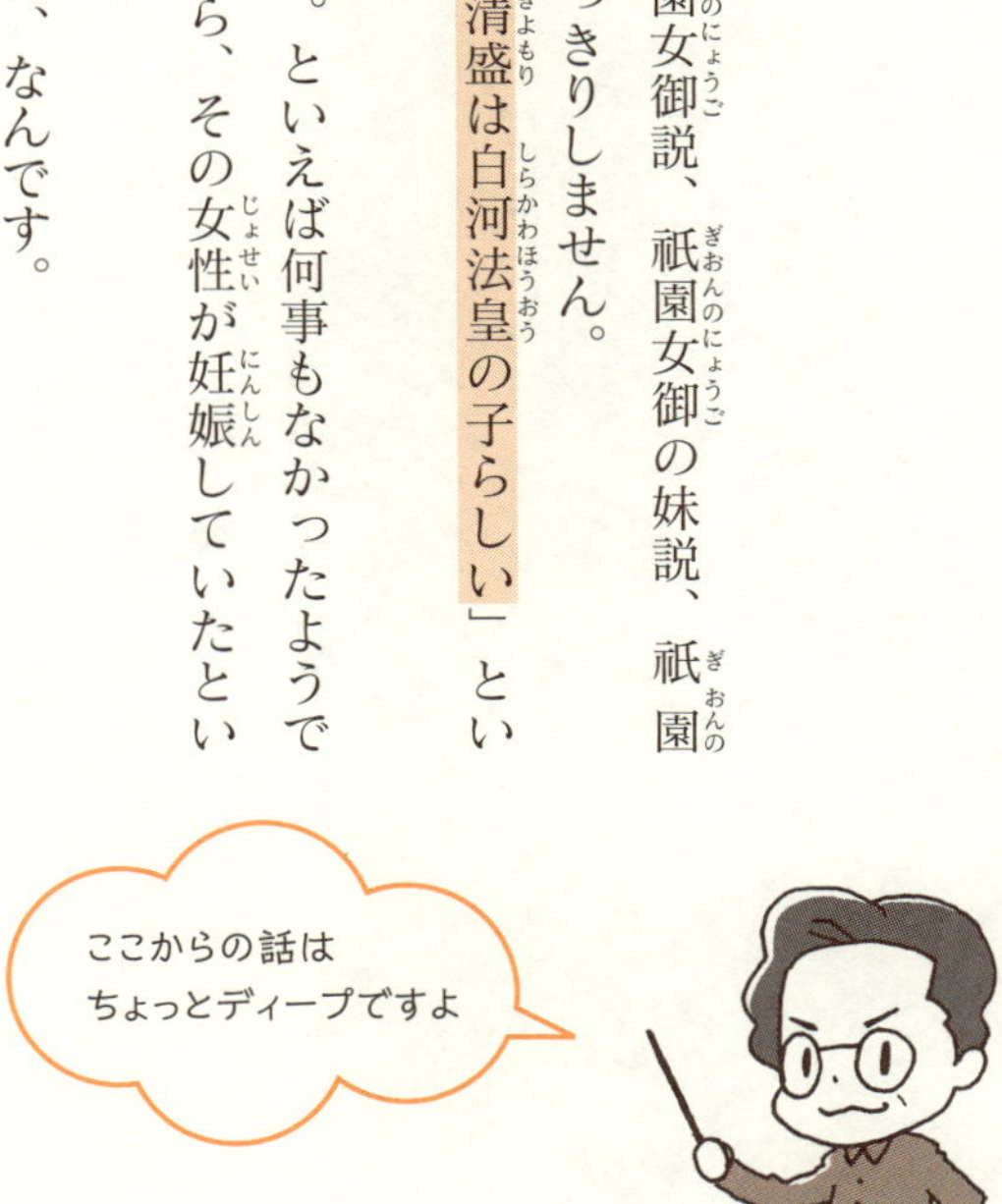
ここからの話は
ちょっとディープですよ

す。この制度《せいど》をはじめたのは後三条天皇《ごさんじょうてんのう》とされていますが、じっさいに機能《きのう》しはじめるのは、その子の白河天皇《しらかわてんのう》のときでした。

白河天皇《しらかわてんのう》は、八歳《さい》の堀河天皇《ほりかわてんのう》に皇位《こうい》をゆずって上皇《じょうこう》になると、院政《いんせい》をはじめます。

堀河天皇《ほりかわてんのう》は成長するにしたがって父白河上皇《しらかわじょうこう》の院政《いんせい》をきらっていましたが、三〇歳《さい》になる前に死亡《しぼう》。

堀河天皇《ほりかわてんのう》の子の鳥羽天皇《とばてんのう》もまた、次の崇徳天皇《すとくてんのう》に皇位《こうい》をゆずって上皇《じょうこう》になりました。

そのころすでに白河上皇《しらかわじょうこう》は出家して法皇《ほうおう》になっていましたから、日本史上はじめて天皇《てんのう》・上皇《じょうこう》・法皇《ほうおう》が並《なら》び立つことになりました。

ですが、ひとつ大きな問題が発生します。

系譜《けいふ》上では——。

父＝白河法皇《しらかわほうおう》
子＝堀河天皇《ほりかわてんのう》（故人《こじん》）
孫＝鳥羽上皇《とばじょうこう》
曾孫《ひまご》＝崇徳天皇《すとくてんのう》

なのですが、ほんとうは——。

父＝白河法皇《しらかわほうおう》
子＝堀河天皇《ほりかわてんのう》（故人《こじん》）
孫＝鳥羽上皇《とばじょうこう》
子＝崇徳天皇《すとくてんのう》

だったのです。

ん、よくわかりませんか？　説明しますね。

つまり崇徳天皇《すとくてんのう》は、白河法皇《しらかわほうおう》が孫の鳥羽上皇《とばじょうこう》の皇后《こうごう》の藤原璋子《ふじわらのしょうし》（のち待賢門院《たいけんもんいん》）に産ませた子だったのです。

おじいちゃんが、孫のお嫁《よめ》さんを愛人にしてしまったのです。

だから怪物《かいぶつ》なのです。

鳥羽上皇《とばじょうこう》から見ると、崇徳天皇《すとくてんのう》は表向きは「子」だけど、ほんとうは「祖父《そふ》の子」、

つまり「叔父《おじ》」にあたってしまう。「叔父《おじ》」でもあり「子」でもあるから、「おじこ」と呼《よ》ばれていました。

とっても、どろどろしています。

白河法皇《しらかわほうおう》は、自分の曾孫《ひまご》（じつは実子）かわいさのあまり、孫の鳥羽天皇《とばてんのう》に「崇徳《すとく》に皇位《こうい》を譲《ゆず》れ」と命じます。

保元《ほうげん》・平治《へいじ》の乱《らん》

おじいちゃんに奥《おく》さんを奪《うば》われたうえ、わが子（じつは叔父《おじ》。「おじこ」）の崇徳天《すとくてん》皇《のう》に皇位《こうい》まで奪《うば》われた鳥羽上皇《とばじょうこう》はおもしろくありません。おもしろいはずがありません。

むりやり上皇《じょうこう》にさせられてから六年後、ようやく白河法皇《しらかわほうおう》が死に、院政《いんせい》をはじめます。

まず、「おじこ」の崇徳天皇《すとくてんのう》に退位《たいい》をせまりました。そして側室の藤原得子《ふじわらのなりこ》（のち美福門院《びふくもんいん》）とのあいだに生まれた近衛天皇《このえてんのう》を即位《そくい》させます。

ここに鳥羽上皇《とばじょうこう》と崇徳上皇《すとくじょうこう》、ふたりの上皇《じょうこう》が並《なら》び立ち対立することになりました。

崇徳上皇《すとくじょうこう》は、近衛天皇《このえてんのう》の次の天皇《てんのう》には自分がもういちど即位《そくい》するか、子の重仁親王《しげひとしんのう》が即位《そくい》するものと期待していました。

しかし近衛天皇《このえてんのう》が一七歳《さい》で病死したあとは、崇徳上皇《すとくじょうこう》の実の弟、後白河天皇《ごしらかわてんのう》が即位《そくい》してしまったのです。しかも後白河天皇《ごしらかわてんのう》は子の守仁親王《もりひとしんのう》（のち二条天皇《にじょうてんのう》）を皇太子《こうたいし》に立ててしまいました。

鳥羽上皇《とばじょうこう》が死ぬと、皇位継承《こういけいしょう》をめぐって、天皇家《てんのうけ》だけでなく、公家、天皇家《てんのうけ》と朝廷《ちょうてい》をガードする武士《ぶし》たちが、崇徳上皇《すとくじょうこう》チームと後白河天皇《ごしらかわてんのう》チームに分かれて戦うことになったのです。

チーム崇徳《すとく》

藤原頼長《ふじわらのよりなが》（左大臣）、源為義《みなもとのためよし》、平忠正《たいらのただまさ》

チーム後白河《ごしらかわ》

藤原忠通《ふじわらのただみち》（関白）、藤原通憲《ふじわらのみちのり》（出家名「信西《しんぜい》」）、源義朝《みなもとのよしとも》、平清盛《たいらのきよもり》

このころは、まだ源氏《げんじ》と平氏は、ともに天皇家《てんのうけ》や朝廷《ちょうてい》のガードマンをする同僚《どうりょう》で、対立していなかったのです。

戦の結果、先制攻撃《せんせいこうげき》をかけた「チーム後白河《ごしらかわ》」が半日で勝利をおさめました。敗れた「チーム崇徳《すとく》」の藤原頼長《ふじわらのよりなが》は戦死、源為義《みなもとのためよし》と平忠正《たいらのただまさ》は斬《き》られ、崇徳上皇《すとくじょうこう》は讃《さぬ》岐《き》に流罪《るざい》（罪人を遠くの土地や島に追放すること）になってしまいます。

これが**保元《ほうげん》の乱《らん》**です。

その後、後白河天皇《ごしらかわてんのう》が退位《たいい》して上皇《じょうこう》となり院政《いんせい》をはじめると、同じ「チーム後白《ごしら》河《かわ》」だったはずの公家や武士《ぶし》たちが争いはじめます。

チーム信西《しんぜい》
平清盛《たいらのきよもり》

チーム藤原信頼《ふじわらののぶより》
源義朝《みなもとのよしとも》

戦《いくさ》は、信西《しんぜい》が殺されたことに怒《おこ》った平清盛《たいらのきよもり》が、藤原信頼《ふじわらののぶより》、さらに東国に逃《に》げようとする源義朝《みなもとのよしとも》を滅《ほろ》ぼし、その義朝《よしとも》の子の頼朝《よりとも》を伊豆《いず》に流し、幼《おさな》い義経《よしつね》らを寺にあずけさせました。

これを**平治の乱《らん》**といいます。

武士《ぶし》として立身出世

平清盛《たいらのきよもり》は、「武門《ぶもん》の棟梁《とうりょう》」として武士《ぶし》のトップの地位になっただけでは満足せず、朝廷《ちょうてい》内で、とんとん拍子《びょうし》に出世。公家から、さらに従三位《じゅさんみ》以上の公卿《くぎょう》となり、最後は、太政大臣《だいじょうだいじん》（当時の最高職）にまでのぼりつめます。

武家《ぶけ》出身ではじめての太政大臣《だいじょうだいじん》でした。

ちなみに武家《ぶけ》出身の太政大臣《だいじょうだいじん》は、日本史上では、平清盛《たいらのきよもり》・足利義満《あしかがよしみつ》・豊臣秀吉《とよとみひでよし》・徳川家康《とくがわいえやす》・徳川秀忠《とくがわひでただ》・徳川家斉《とくがわいえなり》の六人しかいません。

太政大臣《だいじょうだいじん》になった清盛《きよもり》は、病のためもあり、すぐに太政大臣《だいじょうだいじん》から下りますが、「平家の総帥《そうすい》」でありつづけました。

さらに清盛《きよもり》は、かつて藤原道長《ふじわらのみちなが》が娘《むすめ》たちを天皇家《てんのうけ》に嫁《とつ》がせて外戚《がいせき》（母方の親戚《しんせき》）

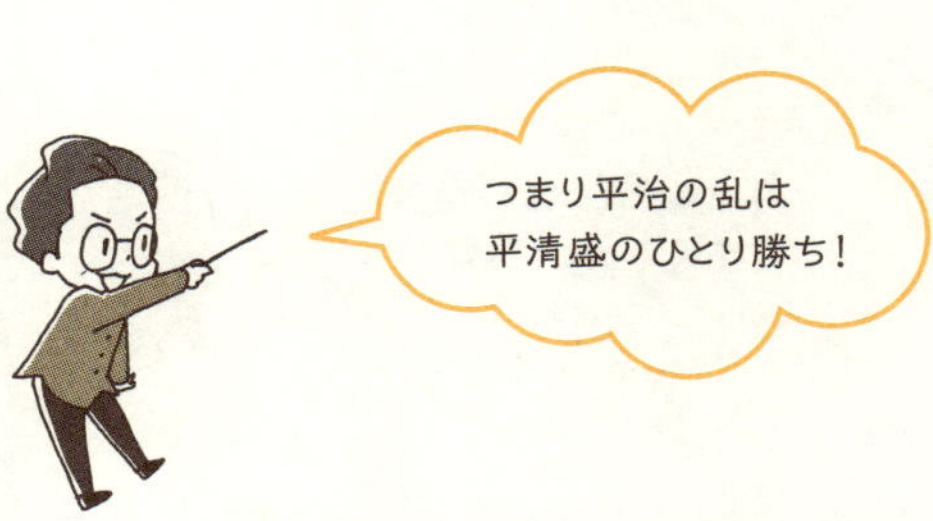

となったように、娘《むすめ》たちを次々と公卿《くぎょう》や天皇家《てんのうけ》に嫁《とつ》がせました。

　なかでも高倉天皇《たかくらてんのう》の皇后《こうごう》となった娘徳子《むすめとくこ》は天皇《てんのう》を産みます。娘《むすめ》が天皇《てんのう》の母に、自分は天皇《てんのう》の祖父《そふ》となったのです。この天皇《てんのう》こそ、のちに壇《だん》ノ浦《うら》の戦いで、祖母《そぼ》（清盛《きよもり》の後妻《ごさい》）二位尼《にいのあま》（時子《ときこ》）、建礼門院《けんれいもんいん》（徳子《とくこ》）とともに入水《じゅすい》する安徳天皇《あんとくてんのう》です。

　さらに平氏《へいし》一門を次々に朝廷《ちょうてい》に送りこんで、あらゆる地位を独占《どくせん》。そのさまを見た、時子の弟の平時忠《たいらのときただ》はこういいます。

「平家《へいけ》にあらずんば人にあらず」

じっさいは「平氏《へいし》でなければ朝廷《ちょうてい》では出世できない」程度《ていど》の意味ですが、かなりオーバーに伝えられています。

　こうして太政大臣《だいじょうだいじん》にまでのぼりつめることができたのは、平清盛《たいらのきよもり》が武士《ぶし》として政《せい》治家《じか》として優秀《ゆうしゅう》だったのはもちろんですが、クスノキが思うに、「われは白河天皇《しらかわてんのう》の子」という自信がそうさせたのではないでしょうか。

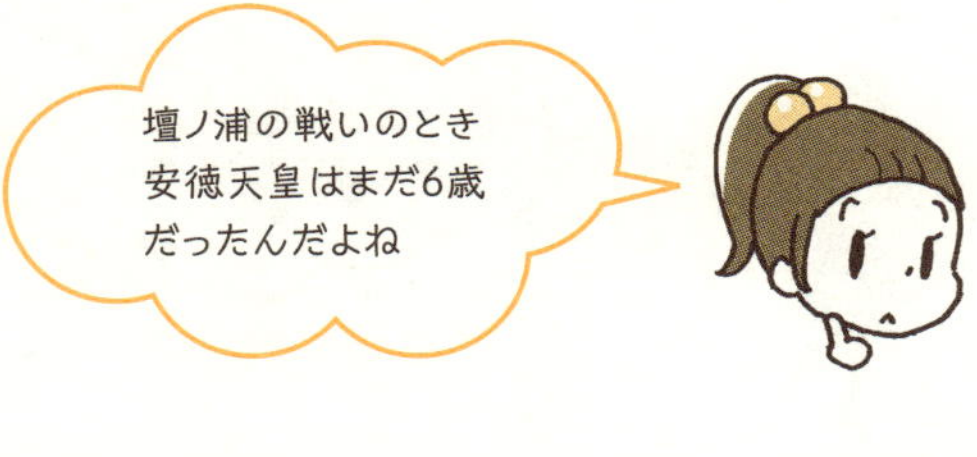
壇ノ浦の戦いのとき
安徳天皇はまだ6歳
だったんだよね

鎌倉幕府《かまくらばくふ》に隠《かく》された栄華《えいが》

ただ平清盛《たいらのきよもり》の「栄華《えいが》」を許《ゆる》せない人物がいました。

源頼朝《みなもとのよりとも》です。

父義朝《よしとも》を死に追いやり、自分を流罪《るざい》にし、朝廷《ちょうてい》を独占《どくせん》。幕府《ばくふ》という名こそありませんが、京都で屋敷《やしき》があった六波羅《ろくはら》は事実上、武家政権《ぶけせいけん》の中心地になっていたのです。

さらに福原京《ふくはら》（いまの神戸市《こうべ》）を築《きず》いて、日宋貿易《にっそうぼうえき》で巨万《きょまん》の富《とみ》を得ていました。

平氏の栄華《えいが》、いや「思い上がり」に怒《おこ》った、後白河天皇《ごしらかわてんのう》の第三皇子《おうじ》、以仁王《もちひとおう》が全国の源氏《げんじ》に手紙を送って「立ち上がれ！」と命令。

それに応《おう》じた伊豆《いず》の源頼朝《みなもとのよりとも》、木曾《きそ》の源義仲《みなもとのよしなか》、そして頼朝《よりとも》のもとにかけつけた異母弟《いぼてい》の源義経《みなもとのよしつね》らが活躍《かつやく》。清盛《きよもり》が病死し、最後、平氏は壇《だん》ノ浦《うら》の戦いで滅亡《めつぼう》。

頼朝《よりとも》は鎌倉《かまくら》に幕府《ばくふ》を開きます。

「勝てば官軍」です。頼朝《よりとも》は――。

源氏《げんじ》＝勝者。善《ぜん》。
平氏《へいし》＝敗者。悪。

の空気を作っていくのです。

「勝てば官軍」理論《りろん》は、豊臣家《とよとみ》を滅亡《めつぼう》に追いやった徳川家康《とくがわいえやす》にも受《う》け継《つ》がれます。徳川家康《とくがわいえやす》は、鎌倉幕府《かまくらばくふ》の公式文書『吾妻鏡《あずまかがみ》』を愛読し、源　頼朝《みなもとのよりとも》の後継者《こうけいしゃ》をアピールします。

これはつまり「平氏＝悪」理論《りろん》が引《ひ》き継《つ》がれたことを意味しています。

こうして日本人のなかに「源　頼朝《みなもとのよりとも》のほうが好き」が根づいていったのではないでしょうか。

エピソード

5

源義経《みなもとのよしつね》はチンギス・ハン？

検証
源義経は
チンギス・ハン!?
1159年生まれ
またの名を九郎
前半生が不明
背が高くない
1162年生まれ
またの名をクロー
後半生が不明
背が高くない

なぞに包まれた前半生

小学校の社会科の教科書でも「平氏を破《やぶ》る活躍《かつやく》をした」くらいしか書かれていない源《みなもとの》義経《よしつね》ですが、どういう人物だったのでしょうか。

父親は、源義朝《みなもとのよしとも》で

す。平清盛《たいらのきよもり》と戦って敗れ、逃走途中《とうそうとちゅう》で殺されてしまいます。

そのとき、父の義朝《よしとも》といっしょに逃《に》げていた兄の源頼朝《みなもとのよりとも》はつかまり、死罪《しざい》はまぬがれたものの伊豆《いず》の蛭ヶ小島《ひるがこじま》（島ではありません）に流罪《るざい》となり、一四歳《さい》から三四歳《さい》までの二〇年間、平氏に見張《みは》られながら伊豆《いず》でくらします。

義朝《よしとも》と、側室のひとり常盤御前《ときわごぜん》とのあいだに生まれた三兄弟の末っ子が源義経《みなもとのよしつね》です。幼名《ようめい》は牛若丸《うしわかまる》。頼朝《よりとも》より一二歳《さい》年下でした。

常盤御前《ときわごぜん》は、母親が平氏によってとらえられたことを知って清盛《きよもり》のもとに出頭。常盤御前《ときわごぜん》が美しかったことから、清盛《きよもり》が情《じょう》にほだされて、三人の子の命を助け、それぞれ寺にあずけました。武士《ぶし》として育てさせないためです。このとき義経《よしつね》は二歳《さい》。まだ乳飲《ちの》み子《ご》でした。

鞍馬寺《くらまでら》にあずけられた義経《よしつね》の、その後の人生ではっきりわかっているのは、二二歳《さい》以降《いこう》、異母《いぼ》兄弟の兄と会ってからのこと。

それまでの二〇年間は伝説に包まれているのです。

でも『義経記《ぎけいき》』などの軍記物語によれば、鞍馬寺《くらまでら》で日々武士《ぶし》になるべくひそかに訓練をしていた義経《よしつね》は、弁慶《べんけい》らとともにぬけだし、奥州《おうしゅう》（東北）の平泉《ひらいずみ》で藤原秀衡《ふじわらのひでひら》に

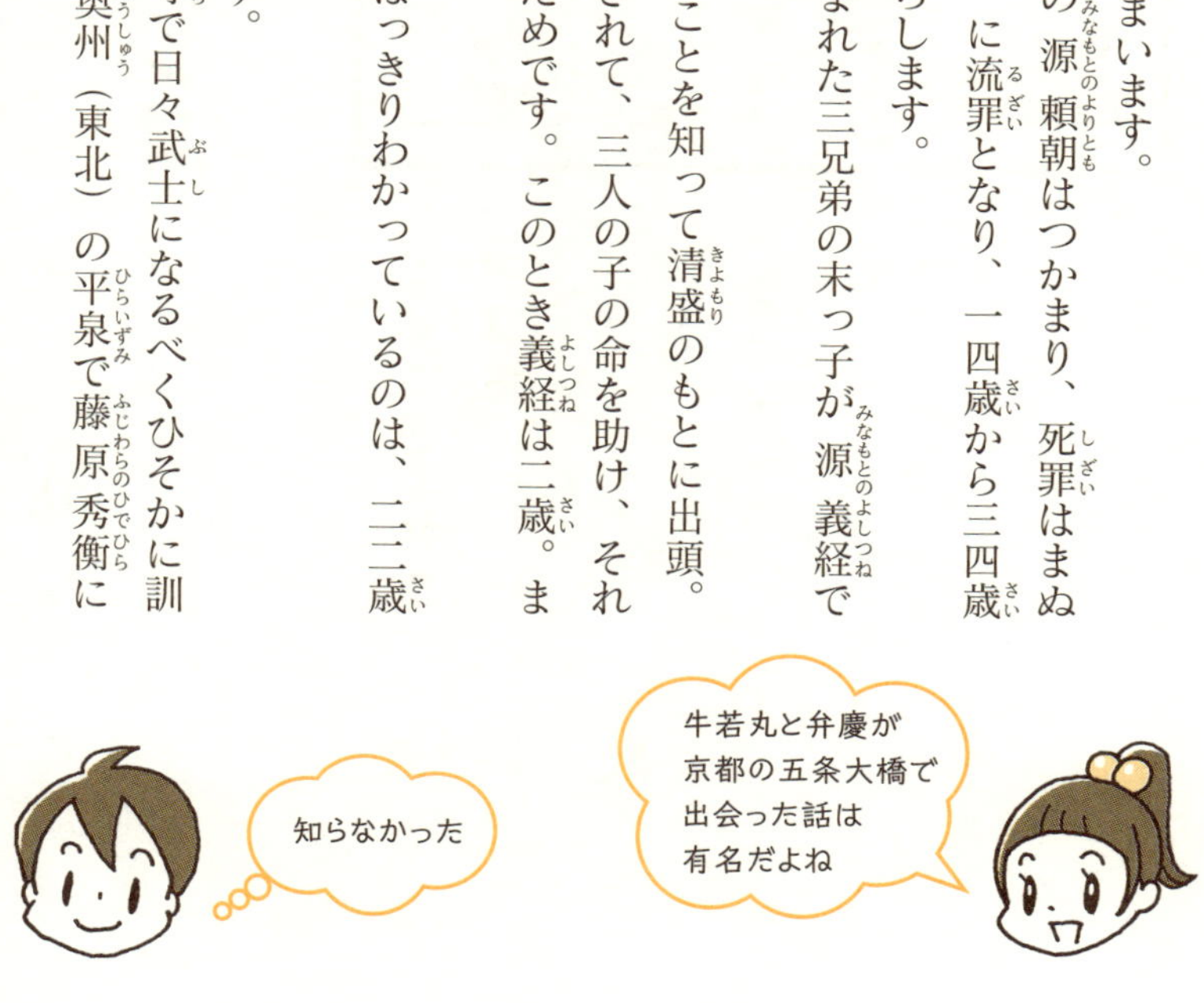

牛若丸と弁慶が京都の五条大橋で出会った話は有名だよね
知らなかった

かくまわれ、ここで馬の訓練をし、弁慶《べんけい》をはじめ、多くの家来をひきいるようになります。

表舞台《おもてぶたい》に登場

そして二二歳《さい》のとき、権力《けんりょく》を手に入れて驕《おご》りたかぶっている平氏をたおすため、伊《い》豆《ず》にいる源頼朝《みなもとのよりとも》、木曾《きそ》にいる源義仲《みなもとのよしなか》らが立ち上がります。

異母《いぼ》兄弟の兄頼朝《よりとも》が挙兵したことを知った義経《よしつね》は、平氏と戦いはじめてまもない頼《より》朝《とも》と、黄瀬川《きせがわ》（静岡県《しずおかけん》）ではじめて対面。

義経《よしつね》が歴史の表舞台《おもてぶたい》に立った瞬間《しゅんかん》でした。

もし黄瀬川《きせがわ》にかけつけなかったら、歴史にうもれてしまい、ほんとうにいたかどうかもわからない人物になっていたかもしれません。

こうして歴史の表舞台《おもてぶたい》に立った義経《よしつね》は、頼朝《よりとも》の弟として、源氏《げんじ》の軍を中心で指揮《しき》するようになるのです。

とくに平氏滅亡《めつぼう》に追《お》い込《こ》んだ三つの戦いは有名です。

平氏の陣《じん》の背後《はいご》の山からかけ下りる奇襲《きしゅう》戦法を見せた**一ノ谷《いちのたに》の戦い**（兵庫県）、海に逃《に》げた平氏を追ってさらにダメージを与《あた》えた**屋島《やしま》の戦い**（香川県《かがわけん》）、そして西へ逃《とう》走《そう》した平氏軍を滅亡《めつぼう》に追いやった**壇《だん》ノ浦《うら》の戦い**（山口県）です。

兄が弟に嫉妬《しっと》した？

ずっと源氏《げんじ》を苦しめてきた平氏を滅亡《めつぼう》させたのです。その活躍《かつやく》の中心にいた義経《よしつね》は「ほめてもらえる！」と思っていました。

兄頼朝《よりとも》がいる鎌倉《かまくら》に凱旋《がいせん》しようとしますが、鎌倉《かまくら》に入る手前で「入るな！」と止められてしまい、なおかつ、罪人《つみびと》にされてしまいます。

なんで!? びっくりですよね。

頼朝《よりとも》によれば、「わたしの許可《きょか》なく、後白河法皇《ごしらかわほうおう》から検非違使《けびいし》・左衛門少尉《さえもんのしょうじょう》の官位を受けたのは認《みと》められない」というのが罪状《ざいじょう》でした。

じつは後白河法皇《ごしらかわほうおう》が頼朝《よりとも》と義経《よしつね》をけんかさせるために与《あた》えた官位だったのですが、その陰謀《いんぼう》にふたりは気づいていなかったのです。

義経《よしつね》からすれば、まったくの言いがかりでした。

でも義経《よしつね》は強行突破《とっぱ》して鎌倉《かまくら》に入ることはせず、すなおに去ります。

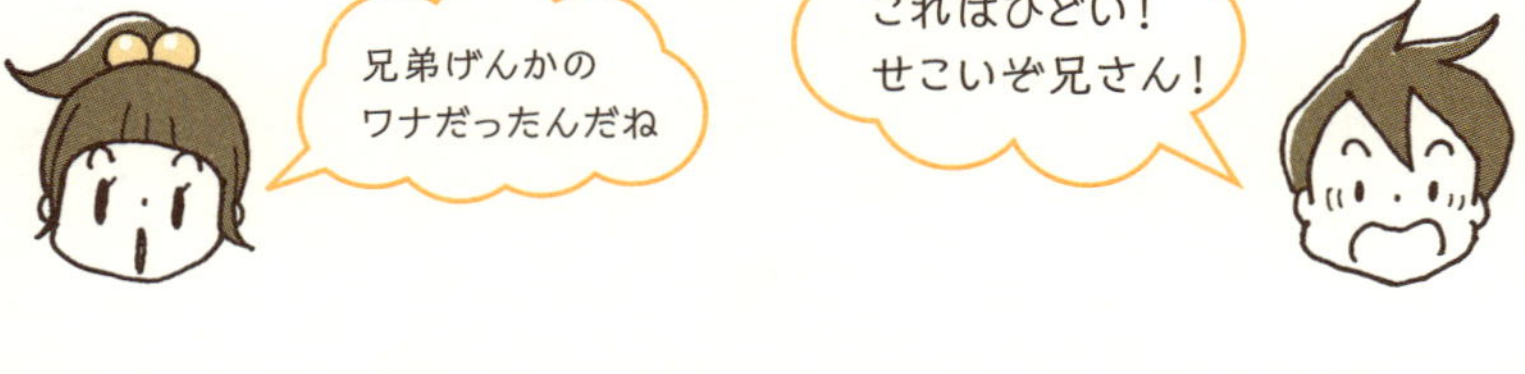
これはひどい！
せこいぞ兄さん！
兄弟げんかの
ワナだったんだね

そこからは、いわば指名手配を受けた逃亡犯《とうぼうはん》のような日々でした。どこにいても頼朝《よりとも》の武士《ぶし》が追ってきたり、頼朝《よりとも》の息がかかった武士《ぶし》に密告《みっこく》されたりしてしまうのですから。

もとはといえば後白河法皇《ごしらかわほうおう》が悪いのですが、いまから見れば、武士《ぶし》として大活躍《かつやく》した弟義経《よしつね》のことを、兄頼朝《よりとも》が嫉妬《しっと》したからとしか思えませんよね。

衣河《ころもがわ》に死す?

義経《よしつね》は、弁慶《べんけい》ら家来とともに、かつてかくまってくれた藤原秀衡《ふじわらのひでひら》のいる奥州《おうしゅう》(東北)の平泉《ひらいずみ》に向かいます。

ですが、藤原秀衡《ふじわらのひでひら》はすでに亡《な》く、息子《むすこ》の泰衡《やすひら》の代になっていました。義経《よしつね》が平泉《ひらいずみ》にいることをつかんだ頼朝《よりとも》は、泰衡《やすひら》に「かくまうな。罪人《つみびと》を差し出せ」と命じます。

秀衡《ひでひら》が生きていたら突《つ》っぱねたのでしょうが、泰衡《やすひら》は小心者でした。頼朝《よりとも》の圧力《あつりょく》に屈《くっ》して、衣川《ころもがわ》近くの衣河《ころもがわ》地区にある、義経《よしつね》と正室と四歳《さい》の娘《むすめ》がかくれ住んでいる館を襲《おそ》ったのです。

泰衡《やすひら》の兵に囲まれた義経《よしつね》は、持仏堂《じぶつどう》にこもり、正室と娘《むすめ》を殺したうえで自害して果てます。享年《きょうねん》三一でした。

泰衡《やすひら》は、義経《よしつね》の首を鎌倉《かまくら》に差し出しますが、なんと頼朝《よりとも》は奥州《おうしゅう》に軍を送り込《こ》み、平泉《ひらいずみ》を襲撃《しゅうげき》。逃《に》げた泰衡《やすひら》は部下に裏切《うらぎ》られて殺されてしまいます。

義経《よしつね》の首は、泰衡《やすひら》の弟高衡《たかひら》が鎌倉《かまくら》に送ることになったのですが、頼朝《よりとも》が「亡《な》き母の追善供養《ついぜんくよう》をおこなうので、それ以前に首を届《とど》けるな」といったため、出発が遅《おく》れました。

そこで高衡《たかひら》は、桶《おけ》の首を酒にひたし、くさりにくくしたつもりでしたが、鎌倉《かまくら》に着いたのは、いまの夏。死後四〇日以上経過《けいか》していたため、暑さでくさり、だれの首かわからなくなっていたというのです。

この首の一件《いっけん》が、「義経生存《よしつねせいぞん》説」の根拠《こんきょ》とされることになるのです。

「義経生存《よしつねせいぞん》説」は、いつから？

国語辞典で「ほうがんびいき」または「はんがんびいき」と引いてください。「**判官贔屓**《ほうがんびいき》」という言葉が出てきます。

判官《ほうがん》とは、義経《よしつね》が後白河法皇《ごしらかわほうおう》からもらった検非違使《けびいし》・左衛門少尉《さえもんのしょうじょう》の官位の別のいい方。判官贔屓《ほうがんびいき》とは、義経《よしつね》が兄頼朝《よりとも》によって結果的に殺されたことに人々が同情《どうじょう》したことから、弱い者、幸薄《さちうす》い者に同情《どうじょう》し、味方すること。また、その気持ちをいいます。

鎌倉《かまくら》時代に作られた、鎌倉幕府《かまくらばくふ》の正式文書『**吾妻鏡**《あずまかがみ》』に、平泉《ひらいずみ》から義経《よしつね》の首が運ばれたとき「見る者がみな涙《なみだ》をぬぐって、両袖《そで》をぬらした」と書かれていることから、すでに、義経《よしつね》が死んだ直後から、「かわいそう」という感情《かんじょう》が日本人のなかにあったようです。

やがて『**源平盛衰記**《げんぺいじょうすいき》』『**義経記**《ぎけいき》』など軍記物語で義経《よしつね》の活躍《かつやく》が広まっていき、江戸《えど》時代には「義経生存説《よしつねせいぞんせつ》」が生まれたようです。

はじめに記録に残したのは、儒学者《じゅがくしゃ》林羅山《はやしらざん》で、『**本朝通鑑**《ほんちょうつがん》』のなかに、こうあります。

「義経衣川《よしつねころもがわ》の役で死せず。逃《のが》れて蝦夷島《えぞがしま》に到《いた》り、その遺種存《いしゅぞん》す」

蝦夷島《えぞがしま》というのは、いまの北海道のことです。

さらに徳川光圀《とくがわみつくに》が編纂《へんさん》させた『**大日本史**』では、義経《よしつね》の首の保存《ほぞん》の問題を指摘《してき》して、「義経《よしつね》死すと偽《いつわ》りて遁《のが》れ去りしか」と触《ふ》れています。

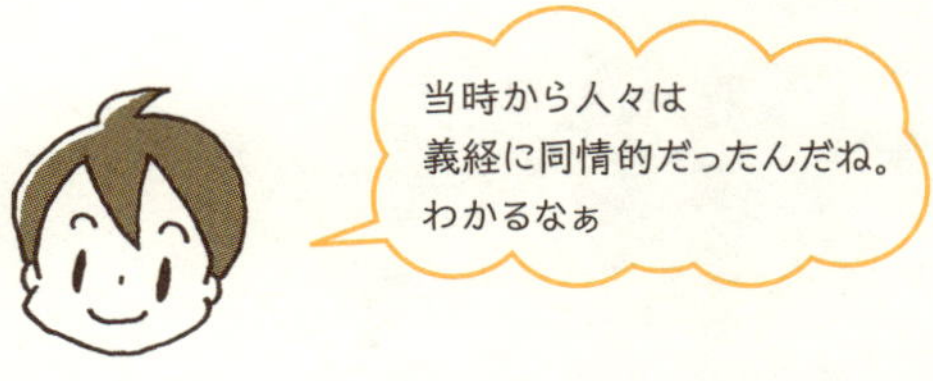
当時から人々は
義経に同情的だったんだね。
わかるなぁ

幕末《ばくまつ》、幕府《ばくふ》は、探検家《たんけんか》の近藤重蔵《こんどうじゅうぞう》、松浦武四郎《まつうらたけしろう》、間宮林蔵《まみやりんぞう》らを蝦夷《えぞ》にわたらせています。ロシアの南下、国防《こくぼう》のためとされていますが、じつは「義経《よしつね》が蝦夷《えぞ》さらに大陸にわたったことを調べるのが目的のひとつだった」という説もあるのです。

チンギス・ハンになった!?

「義経生存説《よしつねせいぞんせつ》」は、平泉《ひらいずみ》で死ななかった義経《よしつね》が東北を北上し、北海道にわたっただけでなく、さらに北方領土《りょうど》を経由《けいゆ》して中国大陸にわたり、前半生があまりわかっていない（とされてきた）チンギス・ハン（ジンギスカン、成吉思汗《ジンギスカン》）になったという説に発展《はってん》していきます。

「義経《よしつね》＝成吉思汗説《ジンギスカン》」をはじめて提唱《ていしょう》したのは、江戸《えど》時代後期、オランダ商館付医員だったシーボルトだったとされています。

シーボルトは、義経《よしつね》が蝦夷《えぞ》を発見したといい、さらにチンギス・ハンが使っていた弓と日本の海賊《かいぞく》が使っていた弓の共通点を指摘《してき》しました。

さらに明治時代には、のちに官僚《かんりょう》・政治家《せいじか》になる末松謙澄《すえまつけんちょう》がケンブリッジ大学の卒業論文《ろんぶん》で「義経《よしつね》＝成吉思汗説《ジンギスカン》」を提唱《ていしょう》。

大正時代には、アイヌ研究者・冒険家《ぼうけんか》の小矢部全一郎《おやべぜんいちろう》が、陸軍通訳官《つうやくかん》としてシベリアで義経《よしつね》の遺跡《いせき》を調査《ちょうさ》した結果を『成吉思汗《ジンギスカン》ハ源義経也《みなもとのよしつねなり》』という題名で発表しています。

ただ、注意しておかなければならないことがあります。

小谷部が『成吉思汗《ジンギスカン》ハ源義経也《みなもとのよしつねなり》』を発表したころが、日本が大陸侵略《しんりゃく》をはかっていたころだということです。

つまり「義経《よしつね》＝成吉思汗《ジンギスカン》説」ってことは、蒙古《モンゴル》の先祖《せんぞ》は日本人だ、だから日本が大陸を侵略《しんりゃく》してもいいんだ、と。「義経《よしつね》＝成吉思汗《ジンギスカン》説」が大陸侵略《しんりゃく》に利用されていたのです。

昭和時代には、一冊《さつ》の小説が「義経《よしつね》＝成吉思汗《ジンギスカン》説」を広めました。『成吉思汗《ジンギスカン》の秘密《ひみつ》』（作　高木彬光《たかぎあきみつ》）です。ベストセラーとなりました。

本好き、ミステリー好きなおとなのかたなら知っているかもしれません。

チンギス・ハンの前半生がなぞに包まれていること、「成吉思汗《ジンギスカン》」を万葉仮名《まんようがな》（「万葉集」の時代に使われていた文字）流に読むと「なすよしもがな」（義経《よしつね》の恋人《こいびと》だった静御前《しずかごぜん》が頼朝《よりとも》と北条政子《ほうじょうまさこ》の前で舞《ま》ったときの歌「しつ《づ》やしつ《づ》　しつ《づ》のをだまきく

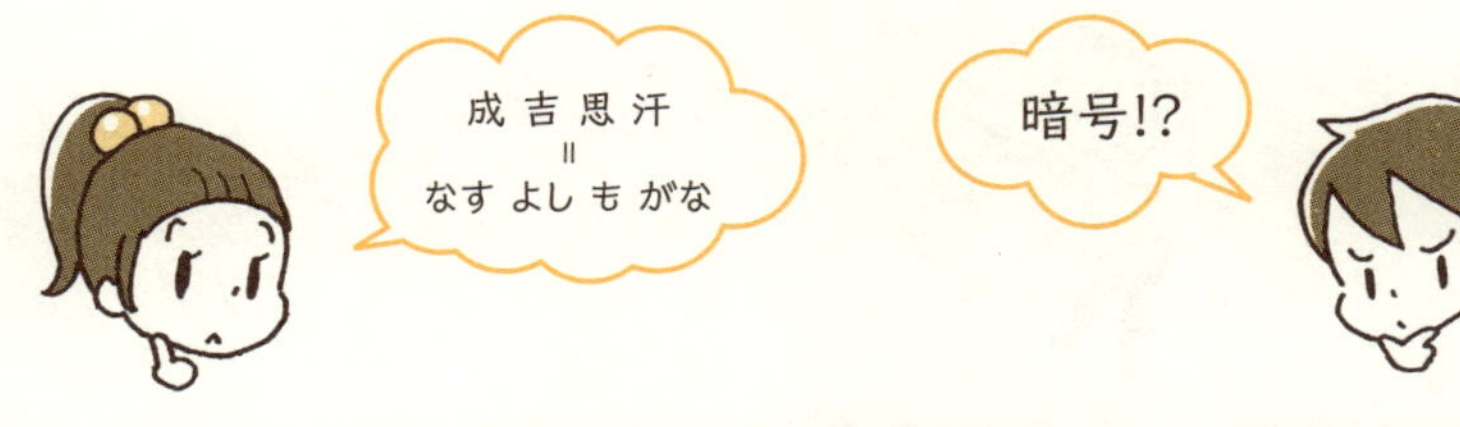

り返し　昔を今になすよしもがな」の末尾《まつび》）と一致《いっち》する……などを挙げています。

都合のいい材料を集めてつじつまを合わせているようにも見えます。

都合のいい材料といえば、平泉《ひらいずみ》から青森までの街道のところどころに、源 義経《みなもとのよしつね》や弁慶《べんけい》らの痕跡《こんせき》を示《しめ》す古文書が残っていたり、遺跡《いせき》が残っていたりします。

ですが、これらをすぐに信じてはいけません。

なぜかって？　ホンモノがあるかもしれないことは否定《ひてい》しませんが、鎌倉《かまくら》時代以降《いこう》のどこかで「捏造《ねつぞう》」された可能性《かのうせい》が大いにあるからです。

クスノキとしては、やはり義経《よしつね》は平泉《ひらいずみ》で死んでしまったのだと思います。

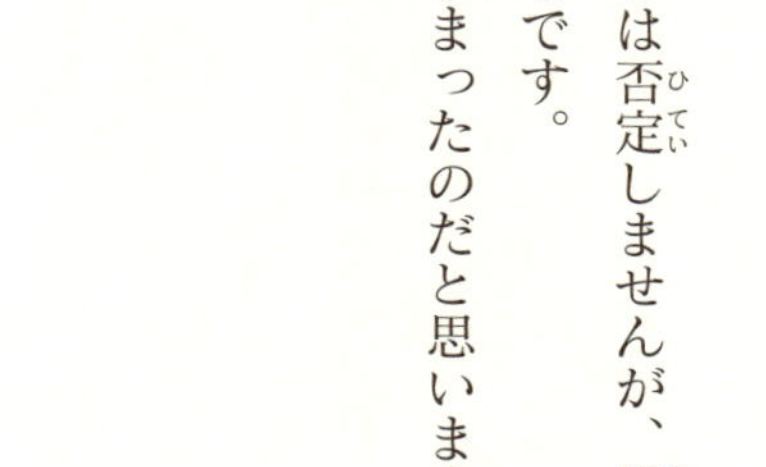

エピソード

6 日野《ひの》富子《とみこ》が応仁《おうにん》の乱《らん》を起こした?

将軍《しょうぐん》がいない日々

このところ、「**応仁《おうにん》の乱《らん》**」に注目が集まっています。

ま、一時的なものだとは思いますけどね。

小学校の社会科の教科書でも書かれているのは「一五世紀後半に

あった応仁《おうにん》の乱《らん》という大きな戦い」「応仁《おうにん》の乱《らん》の後、室町幕府《ばくふ》の支配《しはい》は弱まり」くらいで、用語解説《かいせつ》になってようやく**「将軍家《しょうぐんけ》のあとつぎをめぐる争いに、有力な武士《ぶし》たちも加わった大きな戦い。京都が主な戦場となり、十一年間も続いた」**（『社会6』光村図書）と書かれてあるくらいです。

まあ、日本史の大きな流れをつかむだけなら、室町時代の後半に起きた、戦国時代のとっかかりの戦、くらいに思っていればＯＫ。

ですが、もう少しくわしく知りたい人向けに、書いていこうと思います。

タイトルには「日野富子《ひのとみこ》が応仁《おうにん》の乱《らん》を起こした？」と書きましたが、そもそも悪いのは室町幕府《ばくふ》のトップでいつづけている足利将軍家《あしかがしょうぐんけ》です。

もとはといえば室町幕府《ばくふ》の将軍《しょうぐん》がすんなり決まらないことが、すべての原因《げんいん》でした。

ちょっと左の一覧《いちらん》を見てください。

五代将軍《しょうぐん》　足利義量《あしかがよしかず》

一九歳《さい》で病死

四年 将軍《しょうぐん》空位

六代将軍《しょうぐん》 足利義教《あしかがよしのり》

くじ引きで当選

暗殺される

一年半 将軍《しょうぐん》空位

七代将軍《しょうぐん》 足利義勝《あしかがよしかつ》

一〇歳《さい》で病死

五年半 将軍《しょうぐん》空位

八代将軍《しょうぐん》 足利義政《あしかがよしまさ》

19歳で病死
暗殺
10歳で病死
と不幸な死が
つづいている
けれども……

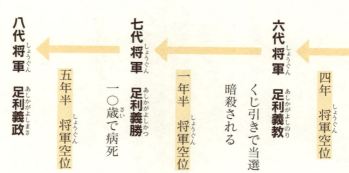

このように五代から八代にかけて、将軍《しょうぐん》が亡《な》くなるたびに、次の将軍《しょうぐん》が決まるまで短くても一年半、長いときは五年半も将軍《しょうぐん》空位の時代があったのです。

首相（総理大臣《そうりだいじん》）が何年も決まらないなんてありえないでしょ？　それどころか、たった数か月で首相を辞める人までいる始末です。情《なさ》けないったらありゃしない。

用意がよすぎた

八代将軍《しょうぐん》になった足利義政《あしかがよしまさ》には、そのとき子供がいなかったため、二度と「将軍《しょうぐん》空位」という事態《じたい》が起きないよう、僧侶《そうりょ》になっていた弟をよびもどし、名前を「足利《あしかが》義視《よしみ》」にかえさせ、次期将軍《しょうぐん》としました。

ところが！

ところがです！

次期将軍《しょうぐん》に内定した矢先、義政《よしまさ》の正室の日野富子《ひのとみこ》に赤《あか》ん坊《ぼう》が生まれてしまうのです。

しかも男の子！

次期将軍《しょうぐん》が誕生《たんじょう》してしまったのですよ！

たいへんです！　一大事です！

この男の子が、のちの義尚《よしひさ》です。

パパの義政《よしまさ》にしても、ママの日野富子《ひのとみこ》にしても、わが子がかわいい！

次の将軍《しょうぐん》にさせたいと思う。

それが親心というもの。

そして義政《よしまさ》と日野富子《ひのとみこ》は、舞《ま》い上《あ》がったまま、「次期将軍《しょうぐん》は義尚《よしひさ》！」と決めつけてしまったのです。

このとき、義政《よしまさ》の頭にも、日野富子《ひのとみこ》の頭にも、いちど義視《よしみ》を将軍《しょうぐん》にして、それから、わが子、義尚《よしひさ》を将軍《しょうぐん》にするという発想はなかったようです。

クスノキが思うに、もし、そうしていたら、応仁《おうにん》の乱《らん》が起きなかったかもしれませんし、室町時代はもっともっとつづき、戦国時代がはじまらず、未来が大きくかわっていたかもしれません。

っていうのはいいすぎかな……。

ただ、義視《よしみ》をいちど将軍《しょうぐん》にしたら、義視《よしみ》が自分の立場を守るため、義尚《よしひさ》を暗殺していたかもしれず、それはそれで、また応仁《おうにん》の乱《らん》のような戦が起きていた可能性《かのうせい》もでて

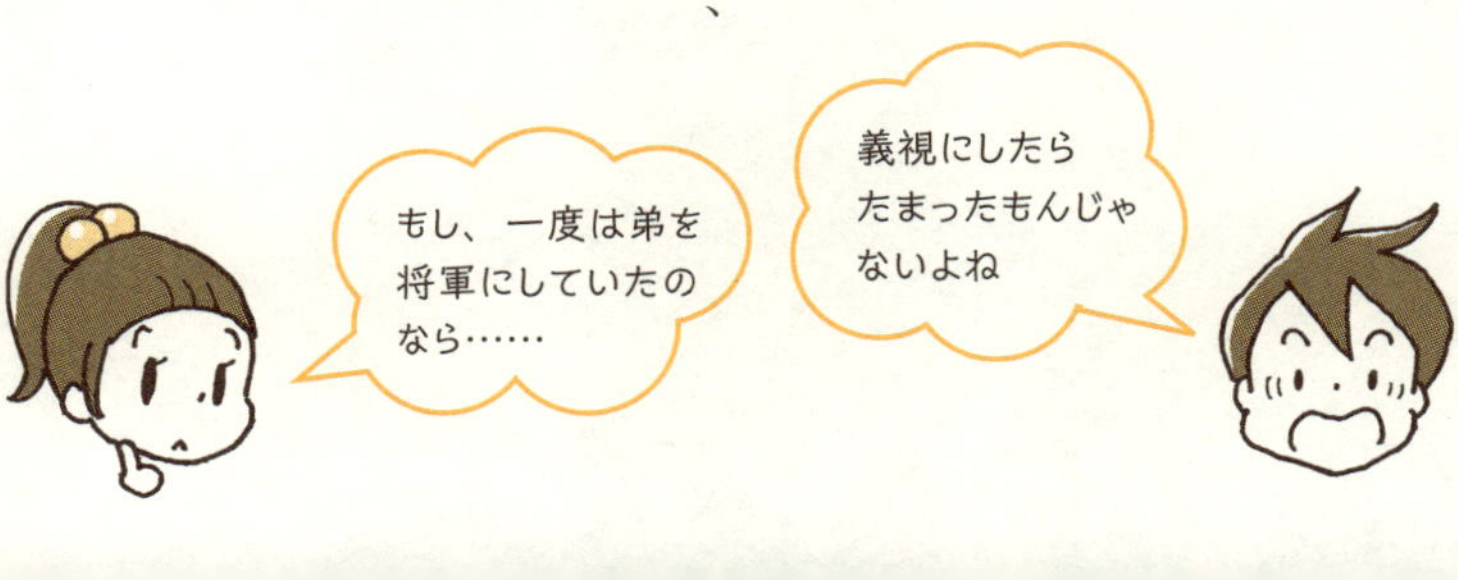
義視にしたら たまったもんじゃ ないよね
もし、一度は弟を 将軍にしていたの なら……

きますけどね。

応仁《おうにん》の乱《らん》

義尚《よしひさ》が生まれて、いちばんおもしろくないのは、「次期将軍《しょうぐん》は自分だ」と思いこんでいた義視《よしみ》です。

「次は将軍《しょうぐん》っていったじゃん！　約束がちがうじゃん！」

そういったかどうかはわかりませんけど、そんなふうに思ったにちがいありません。

義視《よしみ》の気持ちは、このクスノキも、とってもよくわかります。

足利家の将軍継嗣《しょうぐんけいし》問題は、将軍家《しょうぐんけ》のまわりだけでなく、幕府《ばくふ》の閣僚《かくりょう》、京都周辺の武士《ぶし》たちまでも巻《ま》きこむことになったのです。

1　義尚《よしひさ》を次期将軍《しょうぐん》にしたい一派《いっぱ》
細川勝元《ほそかわかつもと》ほか

2　義視《よしみ》を次期将軍《しょうぐん》にしたい一派《いっぱ》
山名持豊《やまなもちとよ》（宗全《そうぜん》）ほか

この両軍が、京都を中心に戦をはじめてしまったのです。

それだけではありません。

京都を中心とする戦に、全国各地を支配《しはい》している守護《しゅご》大名までもが巻《ま》きこまれることになり、近畿《きんき》さらに全国で戦が繰《く》り広《ひろ》げられることになってしまったのです。

これが応仁《おうにん》の乱《らん》のはじまりでした。

戦がはじまって六年後の文明《ぶんめい》五年（一四七三）には、それぞれの軍の中心人物だった細川勝元も山名持豊《やまなもちとよ》（宗全《そうぜん》）も陣中《じんちゅう》で病死してしまいます。

それぞれの軍の事実上のトップが亡《な》くなったのです。戦はいったん落ち着き、和睦《わぼく》しかけます。ですが、いちどはじまった戦は、そう簡単《かんたん》には終わりません。「やられたらやりかえす」となり、戦が戦をよんでいくからです。

「なんで戦をはじめたんだっけ？」と考える者すらいなくなってしまったのではないでしょうか。

戦が終わったのは一一年後の文明九年（一四七七）のことでした。

戦がはじまったときの元号から「応仁《おうにん》の乱《らん》」とよばれていますが、戦が終わったと

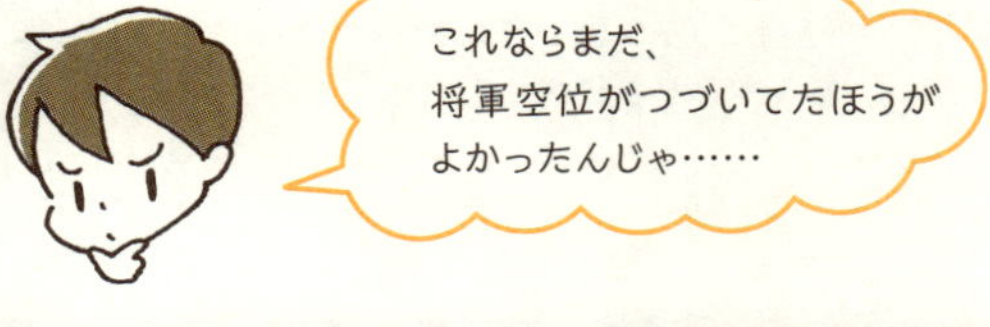
これならまだ、
将軍空位がつづいてたほうが
よかったんじゃ……

きの元号が「文明」なので、「応仁《おうにん》・文明の乱《らん》」とよばれることもあります。

母親のわがまま

一一年間にわたってつづいた戦のすえ、けっきょく、室町幕府《ばくふ》第九代将軍《しょうぐん》には足《あし》利義尚《かがよしひさ》が就任《しゅうにん》しました。ちゃんちゃん！

「わが子を将軍《しょうぐん》にしたい」という日野富子《ひのとみこ》のわがままが、結果的に通ったかたちとなりました。

いちどは次期将軍《しょうぐん》と思われた足利義視《あしかがよしみ》は戦の途中《とちゅう》から美濃国《みののくに》（岐阜県《ぎふけん》）に亡命《ぼうめい》。

義政《よしまさ》と和睦《わぼく》したのちも、美濃国《みののくに》にとどまります。

義尚《よしひさ》が亡《な》くなり、その翌年《よくとし》に義政《よしまさ》も亡《な》くなると、義視《よしみ》は日野富子《ひのとみこ》と結んでわが子義《よし》材《き》を第十代将軍《しょうぐん》につけ、大御所《おおごしょ》として幕府《ばくふ》の実権《じっけん》をにぎり、長年の願望を果たすことになります。

昨日《きのう》まで戦っていた相手と手を組む。

昔も今もよくあることで、政治家《せいじか》の考えることは、よくわかりません。ま、わかり

結局どっちの願いもかなって、
なんかひとさわがせだなぁ

たくもありませんが。

応仁《おうにん》の乱《らん》のあと、おもな戦場となった京都の町は荒《あ》れ果《は》ててしまいます。

「京都人が『このあいだの戦争』といったら応仁《おうにん》の乱《らん》のこと」

という都市伝説があります。

太平洋戦争のときに、京都が空襲《くうしゅう》を受けなかったのは事実です。

ほんとうは、幕末《ばくまつ》の蛤御門《はまぐりごもん》の変のときにも京都市街地の多くが焼けているのですが、応仁《おうにん》の乱《らん》のほうが有名だから、そういう話が出てくるのだと思います。

応仁《おうにん》の乱《らん》のあと、室町幕府《ばくふ》の権威《けんい》は地に落ち、全国の守護《しゅご》大名だけでなく、国人領主《りょうしゅ》が下剋上《げこくじょう》で成り上がって大名になっていくケースが増《ふ》えます。

いちおう室町幕府《ばくふ》はつづいていたものの、戦国時代に突入《とつにゅう》することになっていくのです。

一部情報によると、
蛤御門の変は「この前の大火事」と
いうとかいわないとか……

エピソード

7

武田《たけだ》信玄《しんげん》と上杉《うえすぎ》謙信《けんしん》は、どちらが強かった？

川中島《かわなかじま》の戦いって死語？

この本を手に取っているかたなら、「武田《たけだ》信玄《しんげん》」「上杉謙信《うえすぎけんしん》」のふたりの名前くらいは聞いたことがあると思います。

ふたりが関係した「**川中島《かわなかじま》の戦い**」とい

う戦の名前も聞いたことがあるのではないでしょうか。ちなみに小学校の社会科の教科書を見ると、一部の教科書の年表に「川中島の戦い《かわなかじまのたたかい》」がのっているくらいです。

昭和三五年(一九六〇)生まれのクスノキは福岡県《ふくおかけん》北九州市出身なのですが、小学校のころ運動会でやる騎馬戦《きばせん》は「川中島」とよばれていました。

いまでは騎馬戦《きばせん》は危《あぶ》ないというのでやらない学校が多いようですけどね。

騎馬戦《きばせん》というのは、四人一組。馬役の前のひとりが両手をうしろにやり、馬役のうしろのふたりと手を組む。組んだ手が鐙《あぶみ》がわりとなり、上に乗る人の足置きになるという構図《こうず》です。

そして紅白《こうはく》に分かれ、敵《てき》の帽子《ぼうし》や鉢《はち》巻《ま》きを取り合うのです。

そのときイメージされているのが「武田《たけだ》の赤、上杉《うえすぎ》の白」でした。

紅《あか》組には武田信玄《たけだしんげん》のモットー「風林火山」が書かれた旗、白組には上杉謙信《うえすぎけんしん》が信仰《しんこう》した「毘沙門天《びしゃもんてん》」と書かれた旗がゆれていました。

ちなみに「風林火山」とは、信玄《しんげん》が愛読していた本『孫子《そんし》』に出てくる一節の略《りゃく》。

疾《はや》きこと風のごとく、

徐《しず》かなること林のごとく、
侵掠《しんりゃく》すること火のごとく、
不動《うごかざる》こと山のごとし

このなかの「風」「林」「火」「山」をとって「風林火山」というのです。

また高校になると運動会の季節だったか、寒げいこの季節だったか忘《わす》れましたが、「川中島《かわなかじま》」という題の詩吟《しぎん》の練習をさせられた記憶《きおく》があります。

「鞭声《べんせい》ぃ～粛粛《しゅくしゅく》ぅ～、夜河《よるかわ》を～～渡《わた》るぅ～～」

いまでも吟《ぎん》ずることができます。いばれるものではありませんが。

なのでクスノキ的には、子供《こども》のころから、とてもなじみ深いのですが、いまでは死語かもしれないなと思うのです。

川中島の戦いは一回じゃない

そもそも、川中島の戦いとは、なにか！

一言でいうと、武田信玄《たけだしんげん》と上杉謙信《うえすぎけんしん》の戦い！

もうすこしくわしくいうと、信濃《しなの》北部(長野県北部)の土地を武田信玄《たけだしんげん》に奪《うば》われた地元の武将《ぶしょう》が、隣接《りんせつ》する越後国《えちごのくに》(新潟県《にいがたけん》)にいる上杉謙信《うえすぎけんしん》に「奪《うば》い返してください」と助けを求めたのがきっかけです。

川中島というのは「川」「中」「島」の名前がしめすとおり、犀川《さいがわ》と千曲川《ちくまがわ》に挟《はさ》まれた中島を意味しています。

この川中島を舞台《ぶたい》に、武田信玄《たけだしんげん》と上杉謙信《うえすぎけんしん》が戦をしたことで、ライバルとして並《なら》び称《しょう》されるようになったのです。

ただ「川中島の戦い」と書くと、戦が一回だけだったと思っている人も多いのですが、じつはそうではありません。

記録に残っているものだけでも五回。

それ以外の小競り合いもふくめれば、ほぼ毎年のように戦がつづけられていたのです。

おもな五回の川中島の戦いはというと――。

第一回川中島の戦い――天文《てんぶん》二二年(一五五三)八月~一〇月。

第二回川中島の戦い――弘治《こうじ》元年（一五五五）七月〜閏《うるう》一〇月。
第三回川中島の戦い――弘治《こうじ》三年（一五五七）二月〜一〇月。
第四回川中島の戦い――永禄《えいろく》四年（一五六一）八月。
第五回川中島の戦い――永禄《えいろく》八年（一五六五）八月。

天文二二年（一五五三）八月から永禄《えいろく》八年（一五六五）八月まで、なんと一二年間もつづいていたのです。「おぎゃー」と生まれた赤《あか》ん坊《ぼう》が小学校を卒業するくらいまでつづいたことになるのです。

このなかで、いちばん知られているのが第四回川中島の戦いです。ひとこと「川中島の戦い」といったときには、この第四回を指します。

第四回は逸話《いつわ》の宝庫《ほうこ》

第四回川中島の戦いがどんな戦いだったか――。

上杉謙信《うえすぎけんしん》が川中島のそばを流れる千曲川《ちくまがわ》南岸の妻女山《さいじょさん》に陣取《じんど》り、同じく千曲川《ちくまがわ》南岸の武田《たけだ》方の海津城《かいづじょう》をねらっているという知らせが甲府《こうふ》に入ります。

信玄《しんげん》は兵を率《ひき》いて川中島にかけつけると、千曲川《ちくまがわ》の北の茶臼山《ちゃうすやま》に陣《じん》を張《は》って上杉《うえすぎ》軍の退路《たいろ》を断《た》ちます。

ところが上杉《うえすぎ》軍がまったく動かないため、海津城《かいづじょう》に移動《いどう》。それでも上杉《うえすぎ》軍は動きません。

そこで信玄《しんげん》の軍師《ぐんし》山本勘助《やまもとかんすけ》が、ある戦法を提案《ていあん》します。

「啄木鳥《きつつき》の戦法」

です。

夜明けとともに武田《たけだ》軍（啄木鳥《きつつき》）が妻女山《さいじょさん》（幹《みき》）を突《つ》っついて、上杉《うえすぎ》軍（虫）を誘《さそ》い出す作戦のことです。

ですが、夜なのに武田《たけだ》軍の陣営《じんえい》から煙《けむり》があがるのを見た謙信《けんしん》は「炊事《すいじ》をしているということは明日の朝、戦を仕掛《しか》けてくる」と読み、夜のうちにこっそり妻女山《さいじょさん》を下り、千曲川《ちくまがわ》をわたります。

このとき馬にあてる鞭《むち》の音も、兵の声も静かに川をわたったから「鞭声粛粛夜河《べんせいしゅくしゅくよるかわ》を渡《わた》る」なのです。

夜明けとともに戦《いくさ》を仕掛《しか》けようとした武田《たけだ》軍は、いきなり目の前に上杉《うえすぎ》軍が姿《すがた》をあ

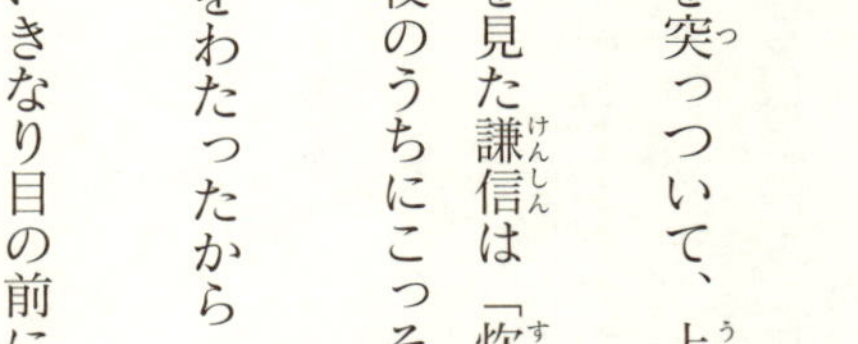
キツツキ戦法
見破られたり

らわし、呆然《ぼうぜん》！

戦は、夜明けからはじまり、武田《たけだ》軍・上杉《うえすぎ》軍合わせて三六〇〇〜三七〇〇の兵が入《い》り乱《みだ》れました。

第四回の戦からは、このように逸話《いつわ》がいくつも生まれました。

一騎打《いっきう》ちはなかった？

この第四回の戦《いくさ》のさなか、武田信玄《たけだしんげん》と上杉謙信《うえすぎけんしん》の一騎打《いっきう》ちがあったと、多くの人が思っています。

武田《たけだ》方の本陣《ほんじん》で、折りたたみ式の椅子《いす》に腰《こし》かけている信玄《しんげん》のもとに、馬に乗った謙《けん》信《しん》が斬《き》りかかります。椅子《いす》から立った信玄《しんげん》が、軍配団扇《ぐんばいうちわ》で受け止めるというもの。

ですが、この一騎討《いっきう》ちが書かれているのは、武田《たけだ》方の軍記物語『甲陽軍鑑《こうようぐんかん》』だけで、上杉《うえすぎ》方の史料には出てこないのです。

「川中島古戦場史跡《しせき》公園」（長野市）に「信玄《しんげん》・謙信一騎討《けんしんいっきう》ちの像《ぞう》」がありますが、これはＮＨＫ大河《たいが》ドラマ『天と地と』（昭和四四＝一九六九年、原作　海音寺《かいおんじ》潮五《ちょうご》郎《ろう》）放映《ほうえい》を記念して建立されたものです。

一騎打《いっきう》ちはあってほしいですし、あるとカッコいいですが、じっさいはあやしいようです。

この第四回川中島の戦いで、信玄《しんげん》は弟の信繁《のぶしげ》、軍師《ぐんし》の山本勘助《かんすけ》らを失います。こうして武田《たけだ》軍が劣勢《れっせい》となったところで援軍《えんぐん》がかけつけ、上杉《うえすぎ》軍は逃走《とうそう》します。

川中島の戦いの勝敗は?

では、川中島の戦いは、どちらが勝利したのでしょうか。

1　山本勘助《かんすけ》の「啄木鳥《きつつき》の戦法」の裏《うら》をかいて武田《たけだ》軍に先制攻撃《せんせいこうげき》をかけた上杉《うえすぎ》軍の勝ちと見る説。

2　上杉《うえすぎ》軍を敗走させたから武田《たけだ》軍の勝ちとする説。

3　前半は上杉《うえすぎ》軍優勢《ゆうせい》、後半は武田《たけだ》軍優勢《ゆうせい》だから引き分けとする説。

ですが、これらは、あくまでも第四回川中島の戦いを見ただけにすぎません。

一般《いっぱん》には、川中島の戦い全体でも引き分けだろうといわれています。

ほんとうに、引き分けなのでしょうか。

川中島の戦い！　というと、いかにも一国（国＝いまの県くらいの規模《きぼ》）をかけた争いのように思われがちですが、そもそもは、信濃《しなの》北部の土地争いにすぎません。

この土地争いの結果を見ると、川中島の戦いの前も後も、北信濃《しなの》は武田信玄《たけだしんげん》が占《せん》領《りょう》しつづけたわけですから、信玄《しんげん》の勝ちと見たほうがいいかもしれません。

「敵《てき》に塩を送る」のウソ

では、武田信玄《たけだしんげん》と上杉謙信《うえすぎけんしん》のどちらが強かったのでしょうか。

一騎打《いっきう》ちがあったかどうかもあやしく、川中島の戦いも信濃《しなの》北部の土地をめぐる争いこそ信玄《しんげん》が勝利しましたが、大きく見ると引き分けでした。

甲府《こうふ》を拠点《きょてん》に甲斐《かい》（山梨県《やまなしけん》）・信濃《しなの》（長野県）を領有《りょうゆう》しつつ、海に出るべく駿河国《するがのくに》（静岡県《しずおかけん》）から遠江国《とおとうみのくに》（静岡県《しずおかけん》）まで攻《せ》めた武田信玄《たけだしんげん》。

春日山城《じょう》（上越市《じょうえつし》）を拠点《きょてん》に、越後《えちご》（新潟県《にいがたけん》）を領有《りょうゆう》しつつ、一時は関東まで攻《せ》め下って小田原城《じょう》をかこみ、越中《えっちゅう》（富山県《とやまけん》）や越前《えちぜん》（石川県）まで進出した上杉謙信《うえすぎけんしん》。

どちらも志半《こころざしなか》ばで病没《びょうぼつ》してしまいますが、もし畿内《きない》にいたら、織田信長《おだのぶなが》のように天下をねらえたことはまちがいありません。

どちらが強かったか、決着がつかないからこそ「ライバル」とよばれるのではないでしょうか。


ちなみに「**敵《てき》に塩を送る**」という話があります。『広辞苑《こうじえん》』にも「（上杉謙信《うえすぎけんしん》が、塩不足に悩《なや》む宿敵《しゅくてき》武田信玄《たけだしんげん》に塩を送って助けたという故事《こじ》から）苦境《くきょう》にある敵《てき》を助ける」とあります。

なぜ信玄《しんげん》は塩にこまっていたのでしょうか。

甲斐国《かいのくに》にも信濃国《しなののくに》にも海がないから？

ちがいます。

長男義信《よしのぶ》に謀反《むほん》のうたがいがかかったのがはじまりでした。信玄《しんげん》は義信《よしのぶ》を自害に追いこむと、嫁《よめ》を駿河国《するがのくに》の今川家に送り返しました。この瞬間《しゅんかん》、それまで保《たも》たれていた、甲斐《かい》・駿河《するが》・相模《さがみ》（神奈川県《かながわけん》）の三国同盟《どうめい》の一角がこわれ、同盟《どうめい》そのものが事実上破棄《はき》されてしまったのです。

怒《おこ》った今川氏真《うじざね》は、北条氏康《ほうじょううじやす》とかたらって信玄《しんげん》への報復《ほうふく》を考えます。それが、甲《か》

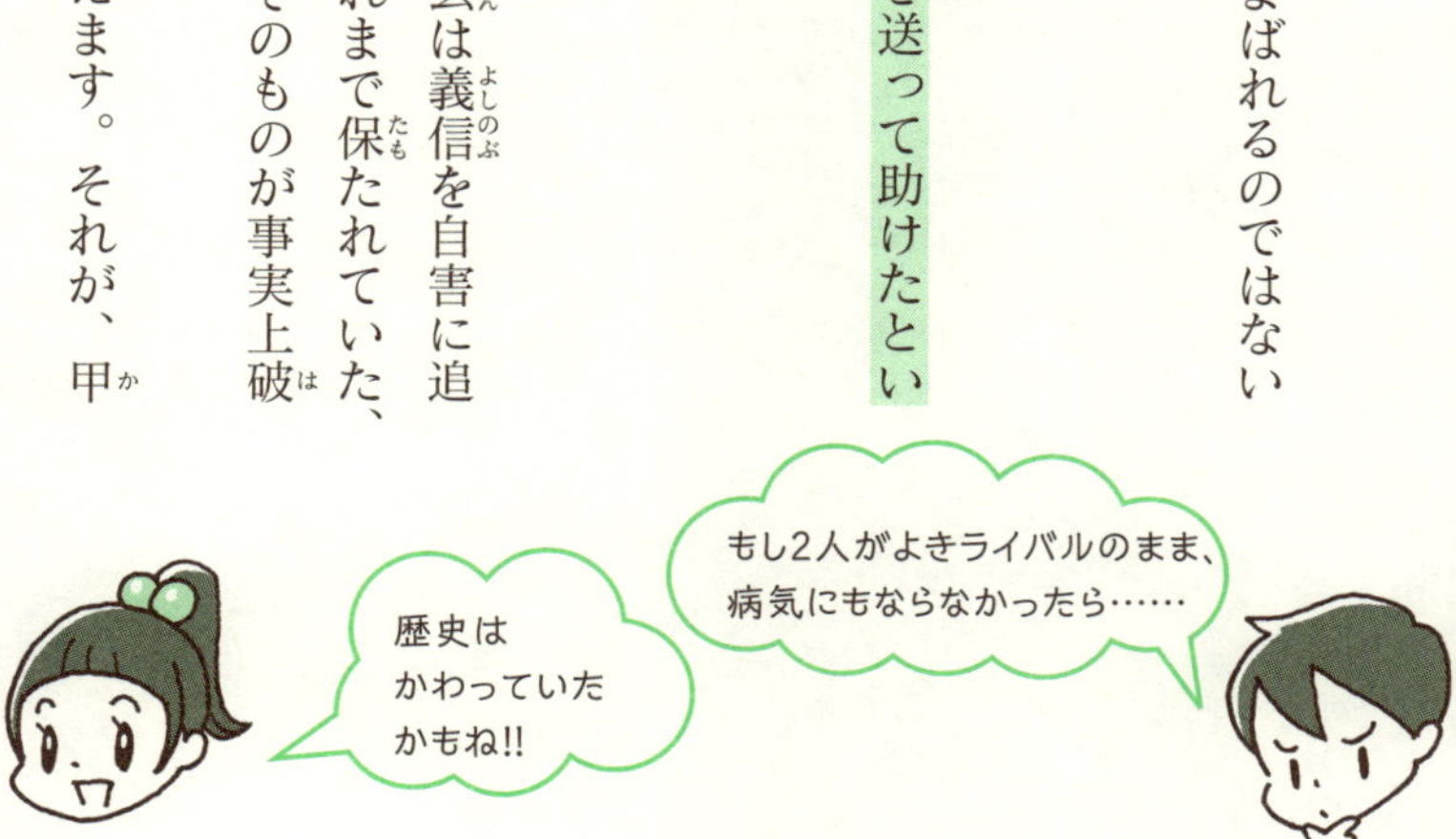
もし2人がよきライバルのまま、病気にもならなかったら……
歴史はかわっていたかもね!!

斐《い》と信濃《しなの》に塩の輸送《ゆそう》を禁止《きんし》することでした。

甲斐《かい》と信濃《しなの》の領民《りょうみん》が苦しむのにたえきれなくなった信玄《しんげん》は、長年のライバル上杉謙《うえすぎけん》信《しん》に頭を下げて、塩の輸送《ゆそう》をたのんだのです。

男らしい謙信《けんしん》は「信玄《しんげん》と戦っているのは弓矢であって、米や塩ではない」と、格安《かくやす》で塩を売ったのです。

「敵《てき》に塩を送る」という言葉から、塩をタダで贈《おく》ったように聞こえますが、じつはそうではなかったのです。

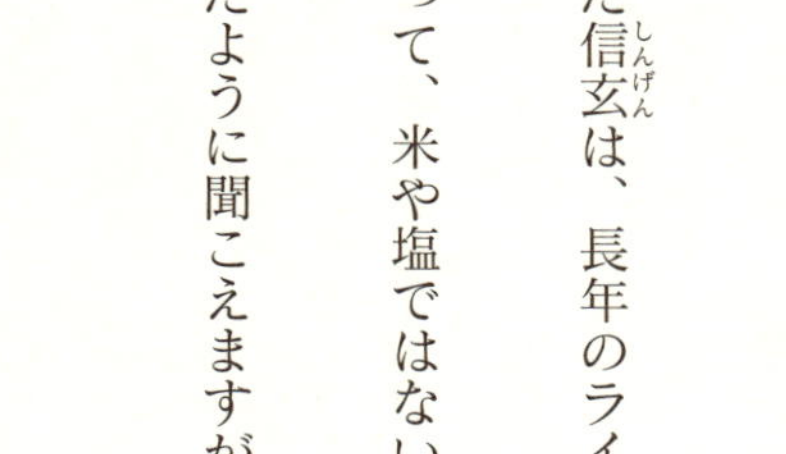

エピソード

8

ザビエルは日本を占領《せんりょう》しようとしていた？

「トンスラ」の意味

フランシスコ・ザビエルという名前を聞いたことがないという人はいないと思います。小学校の社会科の教科書にもかならずといっていいほどのっていますから。

みなさんに質問《しつもん》です。

Q 「トンスラ」って知っていますか？

この質問《しつもん》を聞いただけで思わず笑った人は、なかなかです。日本でかかれたと思われるザビエルの肖像画《しょうぞうが》を思《おも》い浮《う》かべたのかもしれませんね。「トンスラ」というのは、頭頂部《とうちょうぶ》を刈《か》り取《と》った髪型《かみがた》のこと。肖像画《しょうぞうが》のザビエルを見ても、頭頂部《とうちょうぶ》の髪《かみ》がありません。

でも、あの髪型《かみがた》が「トンスラ」ってわけではないのです。「トンスラ」というのは古典ラテン語。髪《かみ》の毛《け》をそる行為《こうい》、剃髪《ていはつ》のことを意味しています。

日本ではキリスト教の剃髪《ていはつ》に限定《げんてい》されて使われますが、本来は、キリスト教・仏《ぶっ》教《きょう》・ヒンドゥー教などで見られる剃髪《ていはつ》全体を意味しているのです。日本のお寺のお坊《ぼう》さんたちも「トンスラ」なのです。

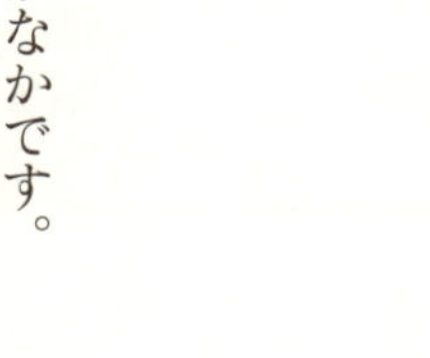
フランシスコ・ザビエル

ザビエルの知識《ちしき》

ザビエルについて日本人が知っていることといえば、あとはキリスト教の宣教師《せんきょうし》ということくらいでしょうか。

一五〇六年にスペインで生まれたザビエルは、イグナティウス・デ・ロヨラとともにイエズス会を設立《せつりつ》した人物です。

イエズス会とは、なにか。

キリスト教のひとつ、カトリック教会の修道会《しゅうどうかい》です。

修道会《しゅうどうかい》というのは、修道院《しゅうどういん》内で生活しながら祈禱《きとう》と労働をメインにし、修道院《しゅうどういん》の外で宣教《せんきょう》活動、教育活動、社会福祉《ふくし》事業をする団体《だんたい》のことです。

イエズス会は歴史上のものではありません。

日本にも、教育施設《しせつ》のひとつとして、上智《じょうち》大学があります。上智《じょうち》大学はイエズス会が経営《けいえい》する大学だったんですよ。

きっかけは殺人犯《さつじんはん》

ポルトガル王ジョアン三世の依頼《いらい》で伝道の旅に出たイエズス会の宣教師《せんきょうし》ザビエルは、インドにつづいてマラッカでキリスト教を布教《ふきょう》していました。

そのマラッカで、ザビエルはひとりの日本人と出会います。

名前は、ヤジロウ。

それ以上、くわしい名前はわかっていません。

薩摩国《さつまのくに》か大隅国《おおすみのくに》（鹿児島県《かごしまけん》）の出身のヤジロウは人を殺し、たまたま鹿児島《かごしま》に停泊《ていはく》していたポルトガル船にかくれ乗って逃亡《とうぼう》していたのです。そして、マラッカに宣教師《せんきょうし》が来ていることを知り、懺悔《ざんげ》するためにザビエルのもとにやってきます。

日本人ではじめての信者となったヤジロウから日本の話を聞きながら、ザビエルはイタリア人商人マルコ・ポーロが書いた『東方見聞録』を思い出し、日本に行こうと決意します。

「日本に行けば黄金ざっくざくだ」と期待に胸《むね》をふくらませたわけではないと思いますけどね。

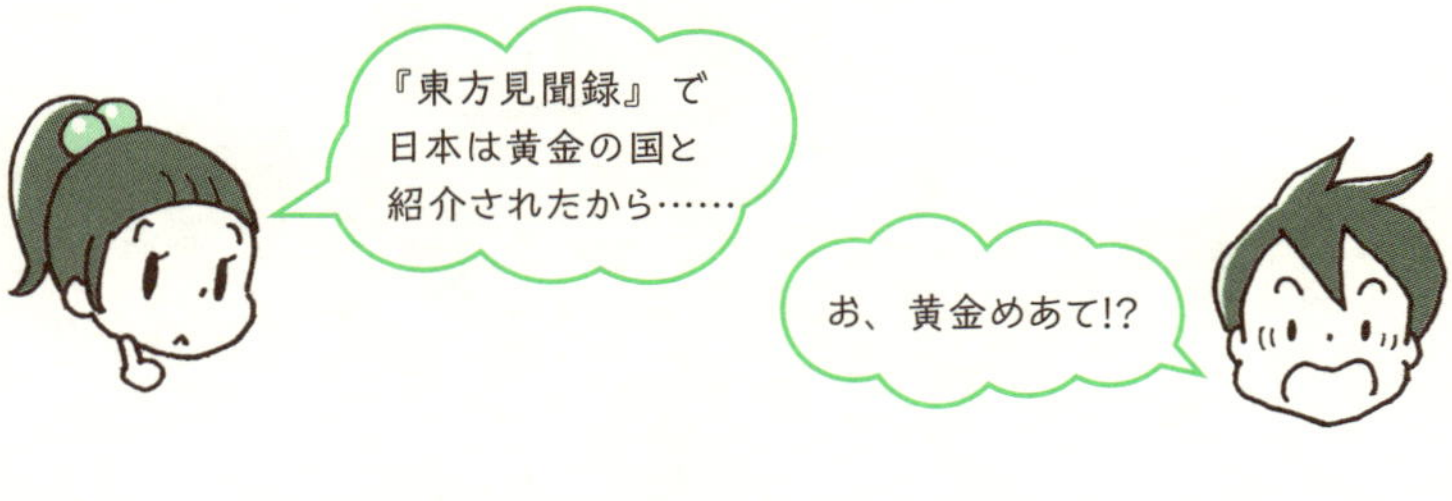
『東方見聞録』で日本は黄金の国と紹介されたから……
お、黄金めあて!?

ともかく、はじめから日本に行く予定はなく、ヤジロウに出会ったことで日本を訪《たず》ねることになったのです。

そして一五四九年、ザビエルは鹿児島《かごしま》に上陸。日本にはじめてキリスト教を伝えた人物として知られることになるのです。

ザビエルが見た日本人

鹿児島《かごしま》に上陸したザビエルは、平戸（長崎県《ながさきけん》）、山口（山口県）を経由《けいゆ》して京都（京都府）に行きますが、布教《ふきょう》に失敗します。

ふたたび山口、さらに豊後国《ぶんごのくに》（大分県《おおいたけん》）にもどり、最後は中国大陸にわたって、そこで亡《な》くなってしまいます。

ザビエルが日本に滞在《たいざい》しているあいだに、キリスト教に入信した日本人は一〇〇〇人いなかったそうです。

一〇〇〇人も！　という人もいるかもしれませんが、イエズス会の目標からすれば、とても少なかったのでしょう。

布教《ふきょう》は失敗しましたが、ザビエルは、日本人のことをほめていました。

1 **礼儀《れいぎ》正しいし、善良《ぜんりょう》で悪口をいわず、嫉妬《しっと》しない。**

2 **多くの人が読み書きでき、好奇心旺盛《こうきしんおうせい》だから、キリスト教の教えをマスターできる。**

ほめてくれていますねえ。

でも、ここで注意が必要！

ザビエルのいうことを鵜呑《うの》みにしてはいけません。

ザビエルは、心の底から日本人のことを、ほめていたわけではないのです。

どういうことかといいますとね……。

ほら、ヨーロッパで売られてる世界地図は、ヨーロッパが左右中央にあって、日本は右のはじっこ、つまり東のはじっこにあります。

そんなはじっこにある、小さな小さな文明がおくれた島国に、いったい、どんな野《や》蛮《ばん》な人が住んでいるかと思っていたら……と前につくことを、お忘《わす》れなく。

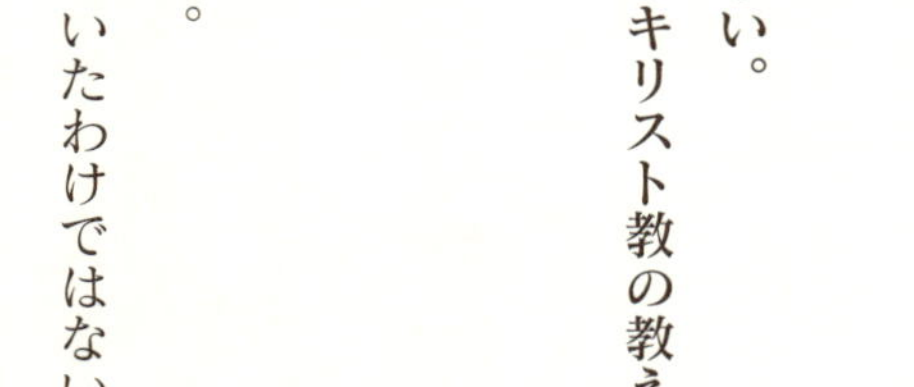

大航海時代のこと

ザビエル、いえ、十六世紀の西洋人と日本について語るときに、どうしても忘《わす》れてはいけないのが、当時の世界史です。

いきなり世界史とかむずかしいことをいいだして、ごめんなさい。

でも大事なことなんです。

日本が戦国時代をむかえようとしているころ、世界は「大航海時代」というものに突入《とつにゅう》していました。

ヨーロッパのスペインやポルトガル、のちイギリスといった先進国の文明が発達して、大きな船を造《つく》れるようになっていたのです。

大きな船を造《つく》った先進国は、海に乗り出して遠征《えんせい》しては、弱そうな国に戦争を仕掛《しか》けて植民地にし、領土《りょうど》を広げるようになったのです。

これが大航海時代です。

日本の「ムラ」同士が戦をし、「クニ」同士が戦をしたのと、考え方は同じです。

人間は欲《よく》ぶかい生き物なのです。

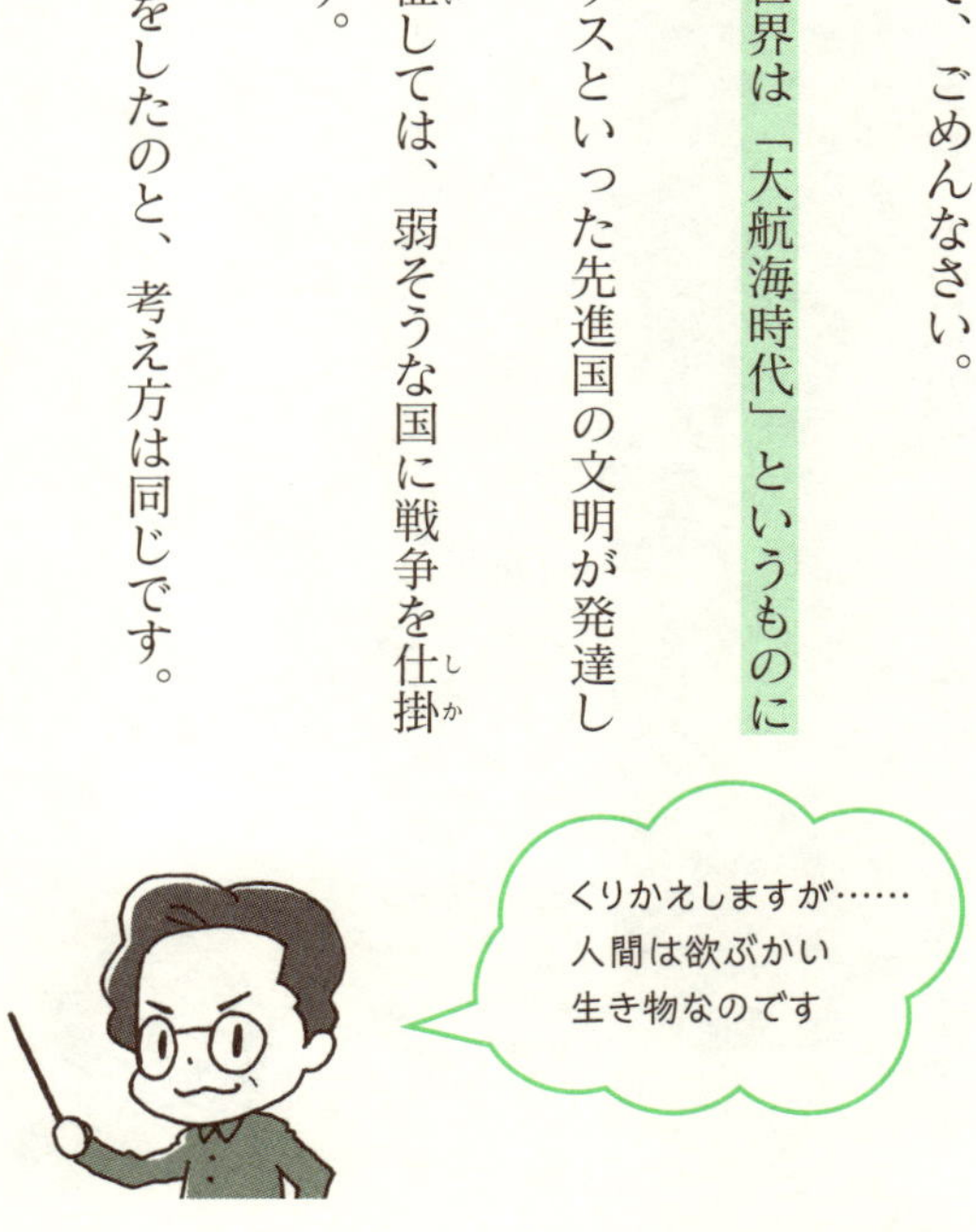
くりかえしますが……
人間は欲ぶかい
生き物なのです

とはいえ、戦争には莫大《ばくだい》な費用もかかりますし、兵も送りこまなければなりません。ですから、いきなり戦争を仕掛《しか》けることはしませんでした。

戦争を仕掛《しか》ける前に、自分たちが料理に使うコショウなどの香辛料《こうしんりょう》を手に入れるために貿易《ぼうえき》をもちかけます。抵抗《ていこう》されたら圧倒《あっとう》的な軍事力で戦に勝ち、植民地にします。その過程《かてい》のどこかで宣教師《せんきょうし》を送りこみ、キリスト教を広め、人の心を支配《しはい》し、言うことを聞かせました。

誤解《ごかい》してほしくないのは、キリスト教が悪いといっているのではありません。人がいれば宗教《しゅうきょう》があり、人が移動《いどう》すれば宗教《しゅうきょう》も移動《いどう》し、同じ神や仏《ほとけ》を信じる人を増《ふ》やそうとするものなのです。

イエズス会の宣教師《せんきょうし》を派遣《はけん》したポルトガル王ジョアン三世の目的は、ポルトガルの植民地にキリスト教を広めることでした。

では、ザビエルは日本を植民地にしようとしていたのでしょうか。

クスノキが思うに、ザビエルは日本を植民地にしようとしていたはずです。

ですが布教《ふきょう》がイマイチうまくいかず失敗してしまう！

もし布教《ふきょう》がうまくいっていたら、「日本人の心を支配《しはい》しました」とジョアン三世に手紙を送っていたでしょう。

そうなれば、もっと早い段階《だんかい》でポルトガルの「黒船」がやってきていたはず。

ザビエルが失敗したあと、イエズス会は、日本に向けて、ルイス・フロイス、アレッサンドロ・ヴァリニャーノなど、次々に宣教師《せんきょうし》を送りこみます。

少なくとも、そのころには「日本を植民地にする」計画があったとみてまちがいないでしょう。

織田信長《おだのぶなが》が、イエズス会の植民地計画を知っていたかどうかわかりませんが、キリスト教の布教《ふきょう》を許《ゆる》しました。

ですが豊臣秀吉《とよとみひでよし》は宣教師《せんきょうし》を追放、徳川家康《とくがわいえやす》はキリスト教を弾圧《だんあつ》しています。

宣教師《せんきょうし》たちの存在《そんざい》を胡散《うさん》くさく思い、日本人の心が支配《しはい》されるのをいやがったからにちがいありません。

エピソード

9

織田信長《おだのぶなが》はだれに殺された？

敵《てき》は本能寺《ほんのうじ》にあり！

天正十年（一五八二）六月二日の、まだ夜明け前。

毛利《もうり》氏の領地《りょうち》が広がる中国地方を攻《せ》めている羽柴《はしば》（のち豊臣《とよとみ》）秀吉《ひでよし》に加勢《かせい》するため、軍を西に進めなければならないはずの明智光秀《あけちみつひで》は、いきなり立ち止まると、東の京都市街を指さして、こう叫《さけ》んだとされています。

――「敵《てき》は本能寺《ほんのうじ》にあり！」

そして光秀《みつひで》は、自分の軍をしたがえて、篝火《かがりび》で道を照らしながら、京都市街に入っていきます。

本能寺《ほんのうじ》には、光秀《みつひで》のあとから中国地方に入ることになっている主君の織田信長《おだのぶなが》がわずかな手勢《てぜい》とともに宿泊《しゅくはく》しています。

本能寺《ほんのうじ》は、安土城《あづちじょう》を出た信長《のぶなが》が京都に入ったときの、メインの宿泊《しゅくはく》場所になっていました。嫡男《ちゃくなん》の信秀《のぶひで》もまた手勢《てぜい》とともに妙覚寺《みょうかくじ》に泊《と》まっていました。

本能寺《ほんのうじ》をかこんだ光秀《みつひで》は、先鋒《せんぽう》に塀《へい》を越《こ》えて侵入《しんにゅう》させて門を開けさせ、攻《せ》めこみます。

異変《いへん》に気づいた森蘭丸《もりらんまる》らが、眠《ねむ》っている信長《のぶなが》を起こします。

敵《てき》が光秀《みつひで》と知った信長《のぶなが》は、こう言ったそうです。

――「是非《ぜひ》におよばず」

「どちらが善《よ》い悪いではない。刃《やいば》をまじえるしかない」という意味です。

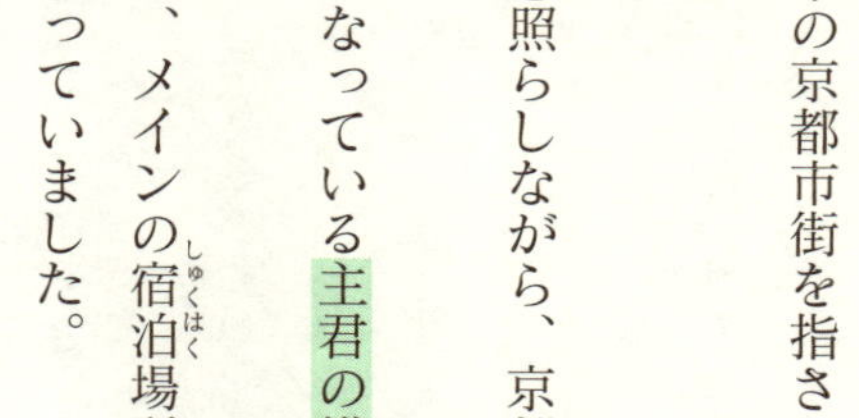

信長《のぶなが》は槍《やり》で応戦《おうせん》します。ですが、ひじを槍《やり》で突《つ》かれてしまいます。

さらに味方によるものか敵《てき》によるものかわかりませんが、寺に火が放たれてしまいます。

絶望《ぜつぼう》した信長《のぶなが》は、炎《ほのお》に包まれる本能寺《ほんのうじ》のなかで自害して果てます。

夜が明けてから、本能寺《ほんのうじ》の焼《や》け跡《あと》で指揮《しき》した光秀《みつひで》は、信長《のぶなが》の遺体《いたい》を捜《さが》させました。

宣教師《せんきょうし》ルイス・フロイスは『日本史』という著書《ちょしょ》のなかで「毛髪《もうはつ》といわず骨《ほね》といわず」なにもなかったと証言《しょうげん》しています。

この事実をもって、「信長《のぶなが》は自害せずに逃《に》げた」という説まで生まれましたが、それはさておき。

野望説と怨恨《えんこん》説

なぜ光秀《みつひで》は織田信長《おだのぶなが》を殺したのでしょうか。

この場合の「殺した」は、「えいやっ」と直接斬《ちょくせつき》ったりしたわけでなく、襲《おそ》って自害に追いやったことを指しています。

これには、長年、ふたつの説がとなえられていました。

1 野望説

主君の信長《のぶなが》を殺すことで、かわりに天下取りをめざしたというもの。

2 怨恨説《えんこんせつ》

なにかしらのうらみがあって、信長《のぶなが》を殺したというもの。

なぜ光秀《みつひで》が信長《のぶなが》をうらんでいたのでしょうか。

ところで、みなさん。光秀《みつひで》って、どんな人か知っていますか？

じつはわからないことが多い人物なんです。

まず生年ですが、享禄《きょうろく》元年（一五二八）とも大永《たいえい》六年（一五二六）ともいわれていて、はっきりわかっていません。

美濃国《みののくに》（岐阜県《ぎふけん》）の土岐《とき》一族の明智《あけち》氏の出身とされ、はじめに仕えたのが斎藤道三《さいとうどうさん》なのか朝倉義景《あさくらよしかげ》なのかもわかっていません。

朝倉義景《あさくらよしかげ》の下で働いていたとき、義景《よしかげ》をたよって居《い》そうろうしていた足利義昭《あしかがよしあき》と知り合いますが、そのあと、どういう経緯《けいい》で織田信長《おだのぶなが》の下で働くようになったのかもわかっていません。

斎藤道三《さいとうどうさん》の下で働いていたのだとしたら、道三の娘《むすめ》の帰蝶《きちょう》（濃姫《のうひめ》）が嫁《とつ》いだ先の信長《のぶなが》をたよったことも考えられますけどね。

あと、帰蝶《きちょう》と従兄妹《いとこ》だという説もあります。

どれも、たしかじゃないんです。

織田《おだ》家で働くようになってからは、信長《のぶなが》と足利義昭《あしかがよしあき》を結ぶパイプ役でした。朝廷《ちょうてい》でのしきたりにもくわしい、武将《ぶしょう》らしくない武将《ぶしょう》でもありました。

信長《のぶなが》より年上で、頭がよく、なにを考えているかわからないところがあり、信長《のぶなが》にたいして「右向け右」ではなく、さからうところもあったので、信長《のぶなが》は光秀《みつひで》をいじめたといわれています。

「この金柑頭《きんかあたま》め！」

といって杯《さかずき》を投げつけられたりもしていたそうです。

金柑頭《きんかあたま》というのは、「毛髪《もうはつ》がなくて金柑《きんかん》のように赤く光った頭。はげあたま」（『広《こう》辞苑《じえん》』）のこと。「光」の下半分と「秀《ひで》」の上半分を組み合わせると「禿《はげ》」になるからとの見方もあります。

こんなことが重なったから、光秀《みつひで》は信長《のぶなが》をうらんでいただろうというのが、怨恨《えんこん》説の理由になっているのです。

ほかに、野望説も怨恨《えんこん》説もあったというミックス説もありました。

どちらも考えられることから、決着がつかないままだったのです。

ブームのように到来《とうらい》する黒幕《くろまく》説

ところが昭和時代後半になり、ミステリーブームの到来《とうらい》とともに、「本能寺《ほんのうじ》の変を推理《すいり》する」人が増《ふ》え、「だれが織田信長《おだのぶなが》を殺したか」について、いろんな説が唱えられるようになってきました。正しくは「明智光秀《あけちみつひで》の背後《はいご》にいた黒幕《くろまく》はだれ？」です。

つまり光秀《みつひで》は野望のために殺したのでもなく、怨恨《えんこん》があって殺したのでもなく、黒《くろ》幕《まく》に命じられて実行しただけだ、と。

いちばん多く唱えられてきたのが――。

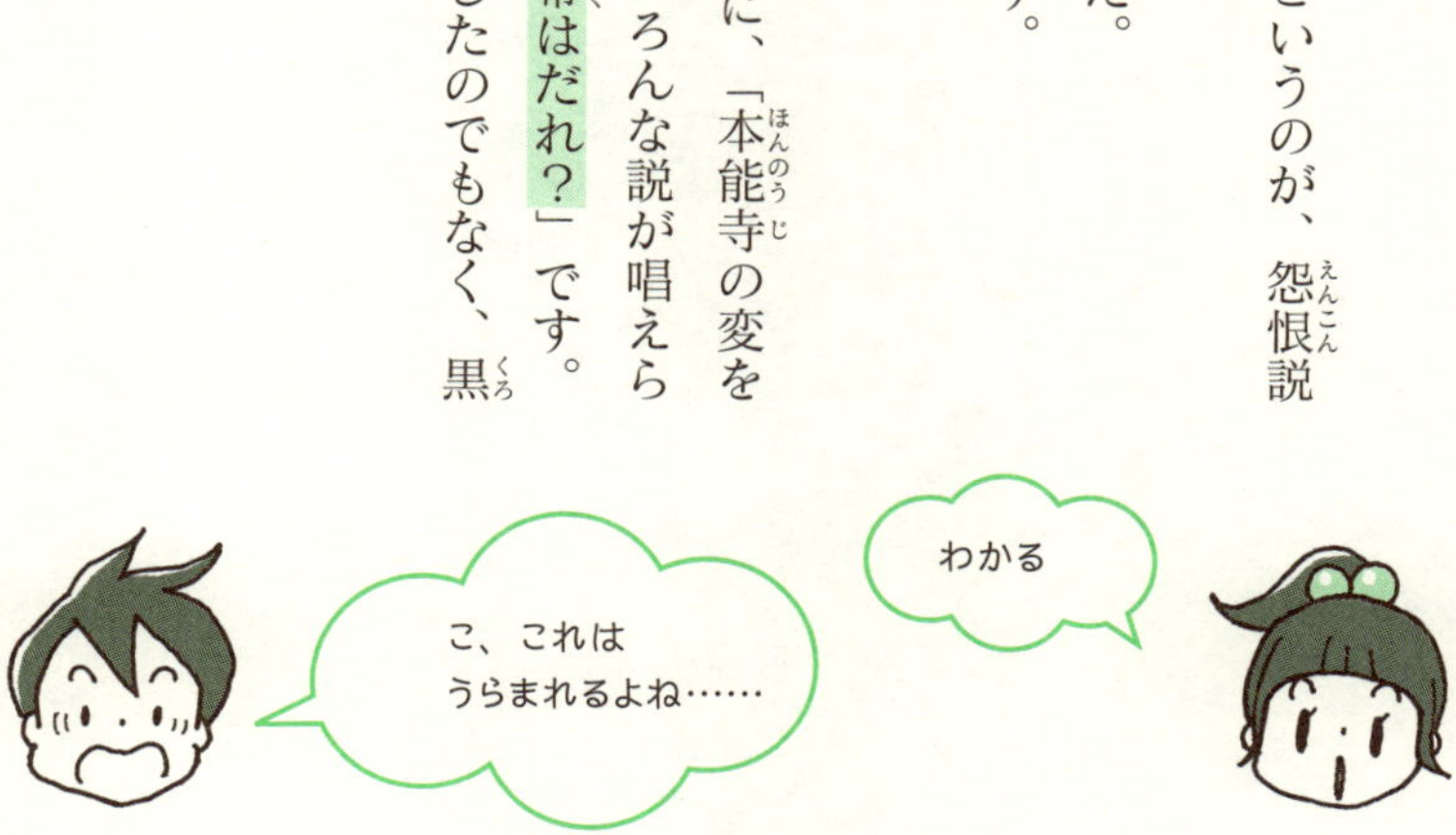

1 羽柴秀吉説《はしばひでよし》

備中国《びっちゅうのくに》（岡山県《おかやまけん》）の高松城《たかまつじょう》を攻撃《こうげき》していた秀吉《ひでよし》は、光秀《みつひで》が毛利氏に送った密書《みっしょ》を「たまたま」手にし、だれよりも早く本能寺《ほんのうじ》の変を知るや、毛利氏と和睦《わぼく》を急いで兵を引き連れて畿内《きない》にもどり、光秀《みつひで》を山崎《やまざき》の戦いで破《やぶ》っています。

結果的に、いちばん得をしたのが秀吉《ひでよし》だから黒幕《くろまく》にふさわしいと。

ほかには――。

2 朝廷説《ちょうてい》

最近はけっこう、この説がさわがれました。

実力があるわりに、高い官職《かんしょく》に就《つ》こうとしない信長《のぶなが》に三職（征夷大将軍《せいいたいしょうぐん》・太政大臣《だいじょうだいじん》・関白）のどれかに就《つ》けさせ、言うことを聞かせようとしたけど「YES」といわないので排除《はいじょ》しようとしたというもの。

また新しい史料が見つかるたびに、新説が出るありさまです。

3 長宗我部元親説《ちょうそかべもとちか》

平成二六年(二〇一四)六月には土佐国《とさのくに》(高知県)の長宗我部元親《ちょうそかべもとちか》が、四国に攻《せ》めこもうとしている信長《のぶなが》の命令に従《したが》う手紙が見つかったことから、その信長《のぶなが》を止めようとして本能寺《ほんのうじ》の変を起こしたとする説が再浮上《さいふじょう》。

4 足利義昭説《あしかがよしあき》

平成二九年(二〇一七)九月には明智光秀《あけちみつひで》の手紙が発見され、光秀《みつひで》が反信長勢力《のぶながせいりょく》とともに室町幕府再興《ばくふさいこう》を目指したとする説が出てきました。

ほかにも、堺《さかい》の茶人グループ説、イエズス会説など、たくさんあります。

ただ最近、クスノキが気になっていることがあります。

新しい史料が発見されると、すぐにマスコミが飛びつきます。その史料がホンモノかどうか検証《けんしょう》(「史料批判《ひはん》」といいます)されるのを待たず、いかにも史実であるかのようにさわぎ立てるのです。最近は、さらにSNSなどでも拡散《かくさん》され、情報《じょうほう》の垂《た》れ流《なが》しがとどまることを知りません。

まじめな人ほどキレたらこわい！

黒幕《くろまく》説は、小説の材料としては、とてもおもしろいです。

クスノキも「堺《さかい》の茶人グループ説」を唱えたことがあります。

でも自説を押《お》しとおすことはしません。

すなおになってみましょう。

「織田信長《おだのぶなが》を殺したのはだれですか？」という問いにたいしては、だれもが「明智光秀《あけちみつひで》！」と答えるはず。

「黒幕《くろまく》はいましたか？」については、「いたとするとおもしろいですが、はっきりと書かれた史料が出てこないかぎり、ほんとうのところはわかりません！」としか答えようがないのです。

光秀《みつひで》は、たしかに信長《のぶなが》を殺しました。

主君信長《のぶなが》からは「金柑頭《きんかあたま》」の一件《いっけん》に代表されるように、かなりいじめを受けていました。はっきりいってパワハラでした。

もともと信長《のぶなが》と光秀《みつひで》は、タイプがぜんぜんちがっていたのです。

1 天才タイプと秀才《しゅうさい》タイプ。

2 直観タイプと理詰《りづ》めタイプ。

性格《せいかく》が正反対の上司と部下だったのです。しかも部下のほうが四歳《さい》から六歳《さい》くらい年上でした。

光秀《みつひで》にすれば、自分はつねに頭を働かせ、理詰《りづ》めで考えて行動しているのに、自分より若《わか》い上司は気まぐれで突然《とつぜん》なにを言い出すかわからず、「このはげ!」といじめてきます。

まじめな性格《せいかく》だから、我慢《がまん》に我慢《がまん》を重ねつづけたはずです。

その結果、キレてしまった……。

まじめな人ほどキレたら、こわいのです。

怨恨《えんこん》説は、じゅうぶん、ありうるのです。

え? 本能寺《ほんのうじ》の焼《や》け跡《あと》から遺体《いたい》が見つからなかった件《けん》は、どうなったのか? です

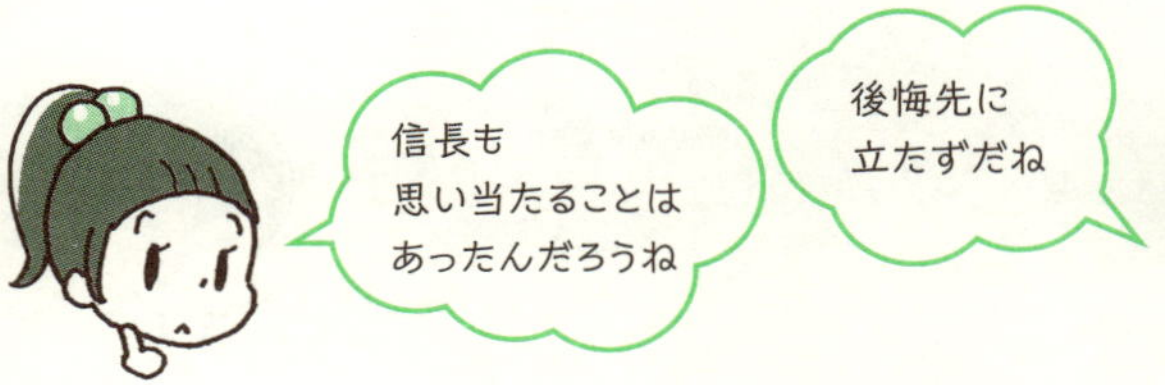
後悔先に立たずだね
信長も思い当たることはあったんだろうね

か。

じつは本能寺《ほんのうじ》は、当時としてはめずらしく、周囲に堀《ほり》をめぐらした小さな城《しろ》のような造《つく》りで、布教《ふきょう》先の種子島から入手した武器《ぶき》や弾薬《だんやく》を収蔵《しゅうぞう》していたという説があります。そんな寺に火が放たれたら弾薬《だんやく》に点火し、大爆発《ばくはつ》を起こしたのではないでしょうか。信長《のぶなが》の遺体《いたい》がこっぱみじんになり、どれがだれの遺体《いたい》なのかわからなかったのが、フロイスの証言《しょうげん》につながったのではないでしょうか。

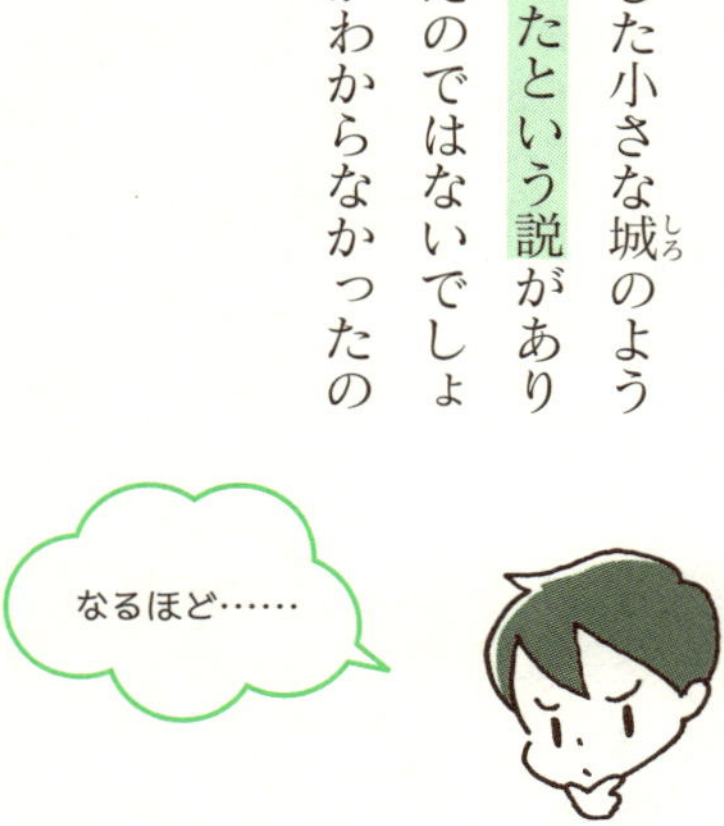

エピソード

10

伊達《だて》政宗《まさむね》の「独眼竜《どくがんりゅう》」は戦《いくさ》のせいではない？

「独眼竜《どくがんりゅう》」の由来は？

少しでも歴史が好きな人なら、「伊達政宗《だてまさむね》」の四文字を目にすると、「独眼竜《どくがんりゅう》」の三文字が出てくるかもしれません。

クスノキも、「独眼竜《どくがんりゅう》」ですぐ思《おも》い浮《う》かべ

るのは、昭和六二年（一九八七）のＮＨＫ大河《たいが》ドラマ『独眼竜政宗《どくがんりゅうまさむね》』。

この「独眼竜《どくがんりゅう》」という言葉は、もちろんＮＨＫ大河《たいが》ドラマが制作《せいさく》されたときに作られたものではありません。

もともとは隻眼《せきがん》の英雄《えいゆう》に与《あた》えられたニックネームのようなものでした。それも日本ではなく中国の唐《とう》末期から後唐《こうとう》にかけての英雄《えいゆう》、李克用《りこくよう》につけられたのが最初。

伊達政宗《だてまさむね》に「独眼竜《どくがんりゅう》」をつけたのは江戸《えど》時代後期の詩人、頼山陽《らいさんよう》とも、のちに登場する僧《そう》で政宗《まさむね》の学問の師《し》の虎哉宗乙《こさいそういつ》から李克用《りこくよう》のことを知った政宗《まさむね》自身がつけたともいわれています。

そういえば「仙台《せんだい》」という地名の由来も、唐《とう》の時代の詩から政宗《まさむね》が採用《さいよう》したそうです。

伊達政宗《だてまさむね》の活躍《かつやく》

伊達政宗《だてまさむね》は、米沢城《よねざわじょう》（山形県）主《あるじ》、伊達輝宗《だててるむね》の長男として生まれました。

幼名《ようめい》は「梵天丸《ぼんてんまる》」。

弟「竺丸《じくまる》」は、のちにライバルとなります。

元服し、愛姫《めごひめ》と結婚《けっこん》。家督《かとく》を相続したあと、会津《あいづ》、さらに、いまの福島県、山形県米沢市《よねざわし》、さらに宮城県《みやぎけん》にわたって支配《しはい》していました。

ところが、そのころ豊臣秀吉《とよとみひでよし》が九州から関東までを統一《とういつ》しつつありました。北条《ほうじょう》氏を攻《せ》めるため小田原まで来た秀吉《ひでよし》に出頭を命じられた政宗《まさむね》は、母親の義姫《よしひめ》に毒殺されかけます。

これを逃《のが》れた政宗《まさむね》は、遅《おく》れて秀吉《ひでよし》と面会します。遅刻《ちこく》したことで死を覚悟《かくご》しており、白い着物、つまり死《し》に装束《しょうぞく》で秀吉《ひでよし》と面会しました。

奥州《おうしゅう》の覇者《はしゃ》、政宗《まさむね》が秀吉《ひでよし》に屈《くっ》したことで、秀吉《ひでよし》は天下統一《とういつ》を成《な》し遂《と》げることができます。

関ヶ原の戦いでは東軍に属《ぞく》し、家康《いえやす》から与《あた》えられた土地に仙台城《せんだいじょう》を築城《ちくじょう》。仙台藩《せんだいはん》の礎《いしずえ》を築《きず》くのです。

「梵天丸《ぼんてんまる》」の由来

政宗《まさむね》が生まれたころに話をもどしましょう。

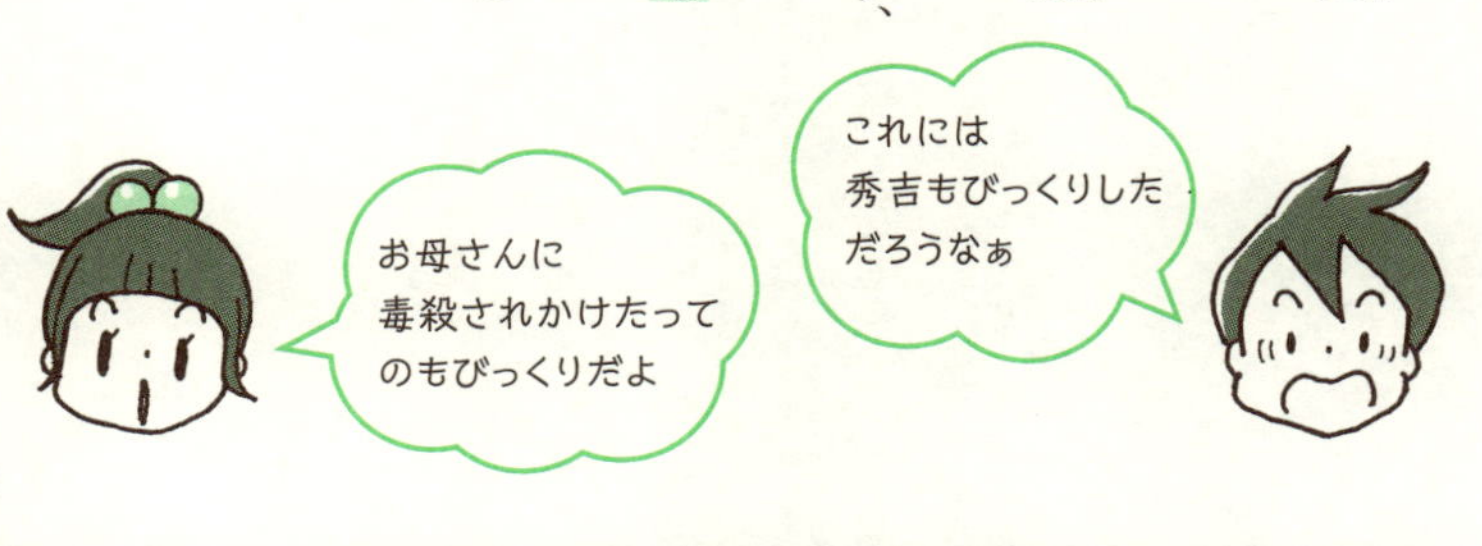
これには
秀吉もびっくりした
だろうなぁ
お母さんに
毒殺されかけたって
のもびっくりだよ

伊達《だて》家の長男として生まれた政宗《まさむね》。

母親の義姫《よしひめ》は、伊達《だて》氏とは敵対《てきたい》関係にあった最上義守《もがみよしもり》の娘《むすめ》で、最上義光《よしあき》の妹です。もちろん政略結婚《せいりゃくけっこん》です。いや、どちらかというと最上氏から送りこまれたスパイだったといっていいでしょう。

輝宗《てるむね》に嫁《とつ》いだ義姫《よしひめ》の表向きのいちばん大きな仕事は伊達《だて》家の跡取《あとと》りとなる男の子を産むことです。

義姫《よしひめ》は優秀《ゆうしゅう》な男子の誕生《たんじょう》を祈《いの》るため、知り合いの長海上人《ちょうかいしょうにん》に湯殿山《ゆどのさん》での祈禱《きとう》を依《い》頼《らい》します。長海上人《ちょうかいしょうにん》は、幣束《へいそく》(神主さんがお祓《はら》いのときに振《ふ》っている、たたんで切った紙を細長い木にはさんだもの)を湯殿《ゆどの》の湯に浸《ひた》して持ち帰り、義姫《よしひめ》の寝室《しんしつ》の屋根に安置させました。

すると、ある夜、義姫《よしひめ》の夢枕《ゆめまくら》に白髪《はくはつ》の僧《そう》があらわれて、「胎内《たいない》(おなかの中)に宿を借りたい」と言ってきました。義姫《よしひめ》は「夫に相談してから返事します」と、その夜は帰ってもらいました。

翌朝《よくあさ》、義姫《よしひめ》が輝宗《てるむね》に話したところ、「それは瑞夢《ずいむ》(縁起《えんぎ》のよい夢《ゆめ》)だ。こんどその僧《そう》があらわれたら許可《きょか》しなさい」と指示《しじ》します。

その夜、ふたたび白髪《はくはつ》の僧《そう》が義姫《よしひめ》の夢枕《ゆめまくら》にあらわれたので、義姫《よしひめ》は「夫からの許《ゆる》しを得た」と告げたところ、僧《そう》は義姫《よしひめ》に幣束《へいそく》を授《さず》け、「おなかの中で育てなさい」と言って消えていきました。

まもなく義姫《よしひめ》は懐妊《かいにん》。生まれた男子の名は、修験道《しゅげんどう》で幣束《へいそく》のことを梵天《ぼんてん》と呼《よ》ぶことから「梵天丸《ぼんてんまる》」と名づけられました。

「梵天丸《ぼんてんまる》もかくありたい」

政宗《まさむね》はかしこく育っていきました。

政宗《まさむね》が五歳《さい》くらいのころ、養育係の片倉小十郎《かたくらこじゅうろう》とある寺をたずねたときのこと。

政宗《まさむね》は、生まれてはじめて不動明王像《ぞう》を目にします。

政宗《まさむね》と僧《そう》の会話です。

政宗《まさむね》「これは何だ」

僧《そう》「不動明王です」

政宗《まさむね》「不動明王も仏《ほとけ》か」

僧《そう》「恐《おそ》ろしい顔はしていても仏《ほとけ》です」
政宗《まさむね》「これは仏《ほとけ》ではない」
僧《そう》「すべての仏《ほとけ》がやわらかい顔をしているわけではありません。悪人をこらしめるために不動明王のようなおそろしい顔をした仏《ほとけ》もいるのです。不動明王は、外見はこわいですが、内面には慈悲《じひ》をそなえております」
政宗《まさむね》「不動明王というのは、大名の手本になる仏《ほとけ》だな。外には強く、内にはやさしくということか」

このときNHK大河《たいが》ドラマ『独眼竜政宗《どくがんりゅうまさむね》』では「梵天丸《ぼんてんまる》もかくありたい」といい、流行語になりました。

「独眼竜《どくがんりゅう》」の誕生《たんじょう》

政宗《まさむね》が右目を失ったのは、この五歳《さい》のころとも七歳《さい》のころともいい、はっきりしません。

失明した理由についても、はっきりしたことはわかっていません。

武将《ぶしょう》が眼帯《がんたい》をしていると、いかにも戦でけがをしたように見えますが、子供《こども》のころに疱瘡《ほうそう》、のちに天然痘《てんねんとう》とよばれる病にかかり、その毒が目にまわったのだろうとされています。

政宗《まさむね》の場合は、失明しただけではなく、眼球《がんきゅう》が飛び出しはじめました。

政宗《まさむね》は、こう言います。

「刀で右目をつぶしてくれ」

家臣たちの多くは怖《お》じ気《け》づいたため、片倉小十郎《かたくらこじゅうろう》がこれを引き受けたといいます。

ただ右目を失って眼帯《がんたい》をはめた政宗《まさむね》は、はじめ、人と会うのをいやがり、ひきこもるようになりました。

学問の師《し》の虎哉宗乙《こさいそういつ》が「独眼竜《どくがんりゅう》」の三文字を教えたのが、そんな性格《せいかく》を直すためだったと思えば、納得《なっとく》がいきます。「唐《とう》に李克用《りこくよう》という隻眼《せきがん》の英雄《えいゆう》がいました。梵天《ぼんてん》丸《まる》さまも同じですな」と。

ライバルは弟

父輝宗《てるむね》は、たとえ隻眼《せきがん》になろうとも、ひきこもりであっても、長男の梵天丸《ぼんてんまる》を跡取《あとと》

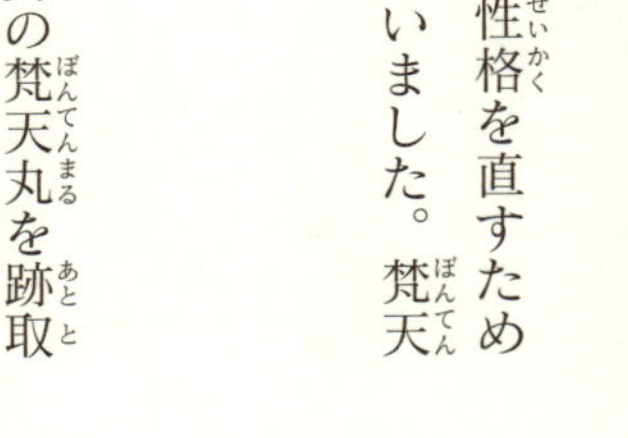

りにしようと思っていました。

しかし母義姫《よしひめ》は、そんな梵天丸《ぼんてんまる》を嫌《きら》うようになり、弟の小次郎《こじろう》（竺丸《じくまる》）を跡取《あとと》りにしたいと思うようになりました。

もしかしたら、実家の最上氏が「賢《かしこ》い梵天丸《ぼんてんまる》を跡取《あとと》りにさせるな」と義姫《よしひめ》に命じていた可能性《かのうせい》もあります。

伊達《だて》家の家臣のなかにも「隻眼《せきがん》では世の中の半分しか見えない」などという声もあがりはじめていました。

そこで父輝宗《てるむね》は、あることを断行《だんこう》します。

標準《ひょうじゅん》より四歳《さい》も若《わか》い一一歳《さい》で政宗《まさむね》を元服させるだけでなく、伊達《だて》氏中興《ちゅうこう》の祖《そ》とされる九代「政宗《まさむね》」を襲名《しゅうめい》させたのです。

そして一三歳《さい》のとき、一一歳《さい》だった愛姫《めごひめ》と結婚《けっこん》させることで、政宗《まさむね》が「次の伊達《だて》家を継《つ》ぐ者だ」と内外に広めていったのでしょう。

さらに一五歳《さい》で初陣《ういじん》を飾《かざ》らせると、政宗《まさむね》が一八歳《さい》のとき、輝宗《てるむね》はいきなり隠退《いんたい》を発表。政宗《まさむね》に家督《かとく》をゆずってしまうのです。

家督《かとく》を継《つ》いでも、政宗《まさむね》のことをきらいつづけた母の義姫《よしひめ》は、二四歳《さい》になっていた政《まさ》宗《むね》が天正一八年（一五九〇）、北条《ほうじょう》氏を攻めるため小田原まで来ていた豊臣秀吉《とよとみひでよし》に会いにいく直前、毒殺を計画。もちろん小次郎《こじろう》（竺丸《じくまる》）に伊達《だて》家を継《つ》がせるためです。

義姫《よしひめ》が出した膳《ぜん》の食事を食べた政宗《まさむね》は、毒で苦しみますが、解毒剤《げどくざい》を飲んで一命を取りとめたとされています。毒殺に失敗した義姫《よしひめ》は逃亡《とうぼう》。政宗《まさむね》は、やむなく小次郎《こじろう》（竺丸《じくまる》）を斬《き》った……と伝えられていますが、江戸《えど》時代に創作《そうさく》されたものだろうとされています。

政宗《まさむね》が小田原に向かう直前、小次郎《こじろう》（竺丸《じくまる》）が命を落としたため、伊達《だて》家中で黒いうわさが立ったのではないでしょうか。

もし当時、テレビがあったら、ワイドショーで連日取り上げられていたことでしょう。

「驚愕《きょうがく》！　母が長男を毒殺か！」

「次男をかわいがる母の執念《しゅうねん》！」

などと。

肖像画が隻眼でないのは、
親からもらった体の一部を失い
申し訳なく思ったから…とも

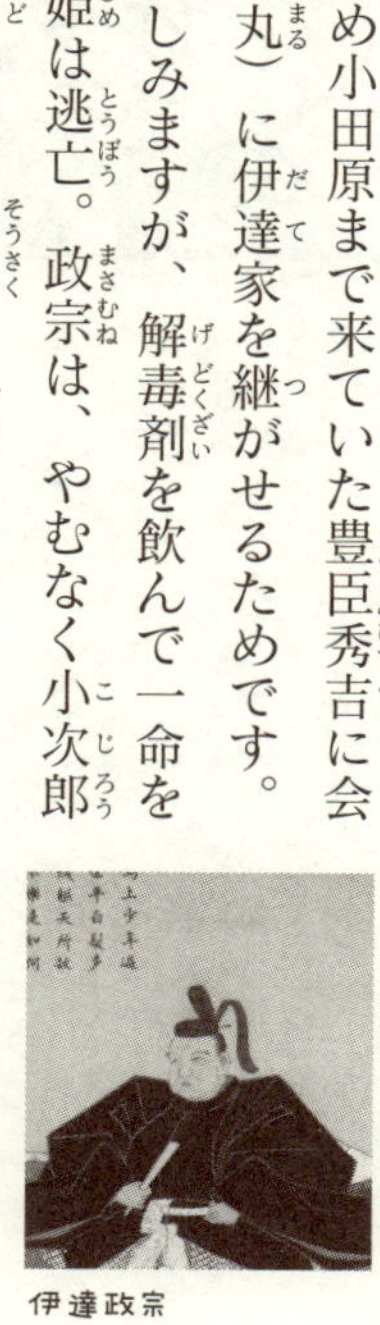
伊達政宗

エピソード

11

豊臣秀吉《とよとみひでよし》は世界征服《せいふく》をたくらんでいた？

天下統一《とういつ》のあと

織田信長《おだのぶなが》、豊臣秀吉《とよとみひでよし》、徳川家康《とくがわいえやす》——この三人は「戦国三大武将《ぶしょう》」「戦国三大英雄《えいゆう》」といってもいいでしょう。

今回は、その豊臣秀《とよとみひで》吉《よし》の話です。

信長《のぶなが》、秀吉《ひでよし》、家康《いえやす》といえば、こんな話があ

ります。

信長《のぶなが》「鳴かぬなら殺してしまえホトトギス」
秀吉《ひでよし》「鳴かぬなら鳴かせてみせようホトトギス」
家康《いえやす》「鳴かぬなら鳴くまで待とうホトトギス」

これは、**怒《おこ》りっぽい信長《のぶなが》、努力する秀吉《ひでよし》、忍耐《にんたい》の家康《いえやす》**、という性格《せいかく》をあらわしたものですね。

もうひとつは、これ。

「織田《おだ》がつき、羽柴《はしば》がこねし天下餅《もち》、すわりしままに食うは徳川《とくがわ》」

「天下布武《ふぶ》」をとなえた信長《のぶなが》が天下統一《とういつ》への道を切り開き、秀吉《ひでよし》が引《ひ》き継《つ》いで天下取りを果たし、家康《いえやす》が幕府《ばくふ》を開いたことを意味しています。

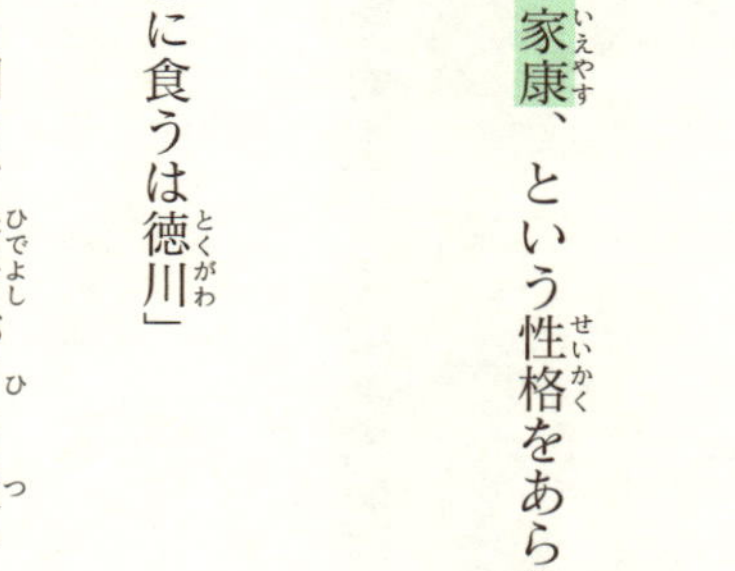

で、豊臣秀吉《とよとみひでよし》の話。

本能寺《ほんのうじ》の変で織田信長《おだのぶなが》が自害したあと、羽柴秀吉《はしばひでよし》は、主君の敵《てき》の明智光秀《あけちみつひで》を山崎《やまざき》の戦いで討《う》ちます。

もともと秀吉《ひでよし》は「木下」という姓《せい》でしたが、織田《おだ》家の家臣の先輩《せんぱい》ふたり、丹羽長秀《にわながひで》と柴田勝家《しばたかついえ》にこびへつらい、ふたりの名前から一字ずつをもらって「羽柴《はしば》」という姓《せい》にしていました。のち「豊臣《とよとみ》」姓《せい》にします。

山崎《やまざき》の戦いのあと、秀吉《ひでよし》は、信長《のぶなが》の孫を織田《おだ》家の後継者《こうけいしゃ》にすると後見人となり、権力《けんりょく》をわがものに！

それが気にくわなくて戦を起こした柴田勝家《しばたかついえ》らを滅《ほろ》ぼし、天下統一《とういつ》への道を邁進《まいしん》しはじめます。

中国地方を攻《せ》めて毛利氏を、四国地方を攻《せ》めて長宗我部《ちょうそかべ》氏を、九州地方を攻《せ》めて島津《しまづ》氏を従《したが》わせると、関東地方を攻《せ》めて北条《ほうじょう》氏、さらに東北地方の覇者《はしゃ》、伊達《だて》氏までも従《したが》わせ、ついに天下統一《とういつ》を果たすのです。

ここで人生を終えていれば、秀吉《ひでよし》の評価《ひょうか》はもっと高かったかもしれません。

いや、もしかしたら室町幕府《ばくふ》につづく幕府《ばくふ》を開くのは秀吉《ひでよし》で、江戸幕府《えどばくふ》ではなく大《おお》

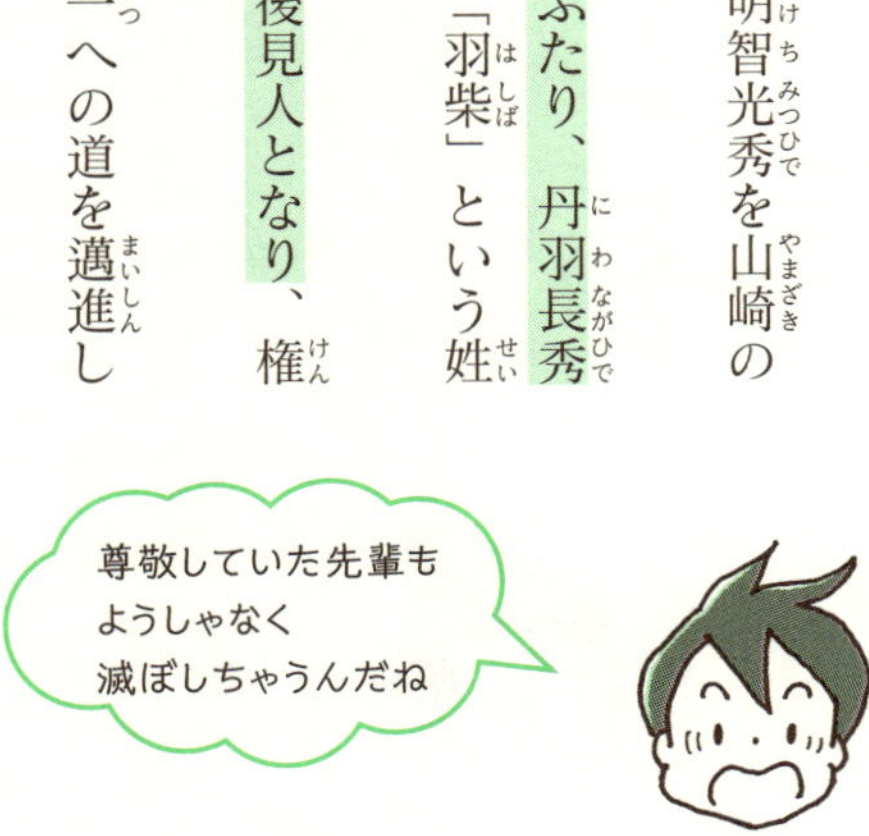
尊敬していた先輩も
ようしゃなく
滅ぼしちゃうんだね

坂幕府《ざかばくふ》で、標準語《ひょうじゅんご》も東京弁基準《とうきょうべんきじゅん》ではなく、大阪弁基準《おおさかべんきじゅん》になっていたかもしれません。

秀吉《ひでよし》なりの理屈《りくつ》

天下統一《とういつ》を実現《じつげん》した秀吉《ひでよし》は、次は世界に目を向けはじめました。

明《みん》を征服《せいふく》する、というのです。

まだ精確《せいかく》な地球儀《ちきゅうぎ》、世界地図、日本地図もない時代です。

まあ、遣隋使《けんずいし》の時代から中国大陸とのあいだを往復《おうふく》する船こそありましたが、遣隋《けんずい》使《し》、遣唐使《けんとうし》、倭寇《わこう》などの海賊《かいぞく》以外は、まず見る機会のない世界です。もちろん秀吉《ひでよし》も見たことがあるわけではありません。

このころの秀吉《ひでよし》についての評価《ひょうか》は分かれると思います。

1 大まじめだった。
2 精神的《せいしんてき》におかしかった。
3 じつはボケはじめていた。

くりかえしますが
人間は欲ぶかい
生き物なのです

クスノキが思うに、秀吉《ひでよし》は大まじめに「明《みん》を征服《せいふく》できる」「世界を征服《せいふく》できる」と思っていたのだと思います。

関白の地位になってすぐ、秀吉《ひでよし》は朝鮮《ちょうせん》を従《したが》え、次に明《みん》を征服《せいふく》するという計画を立てます。

朝鮮《ちょうせん》や明《みん》と貿易《ぼうえき》をすることといった理由もありましたが、やはり本音は土地でした。天下統一《とういつ》をめざして部下たちを働かせても、国内にはもう、ほうびとして与《あた》える土地がなかったのです。

与《あた》える土地がなければ、鎌倉《かまくら》時代からつづいていた「**御恩《ごおん》と奉公《ほうこう》**」の大原則《だいげんそく》がくずれてしまうからです。働かせたらほうびをやる、という原則《げんそく》です。

朝鮮《ちょうせん》出兵にも、秀吉《ひでよし》なりの理屈《りくつ》があったのです。

はじめは大まじめだった

明《みん》を征服《せいふく》する前に、朝鮮《ちょうせん》を従《したが》えるという目的がありますから、まず朝鮮《ちょうせん》半島に軍を送りこみました。このときの年号から「**文禄《ぶんろく》の役**」とよばれています。

小西行長《こにしゆきなが》、加藤清正《かとうきよまさ》らは釜山《ふざん》に上陸すると、朝鮮《ちょうせん》の町や城《しろ》を次々と落とし、わずか二十日で漢城《かんじょう》（のちソウル特別市）、平壌《ピョンヤン》などを落とします。
これを聞いてよろこんだ秀吉《ひでよし》は、みずから北京に入り、やがて天竺《インド》まで征服《せいふく》する計画を立てます。

いまから思えば、はじめの戦《いくさ》で勝ったことで、明《みん》だけでなく、インドまで征服《せいふく》できると思うところが、妄想《もうそう》をいだいていたとしか思えませんし、ボケていたと思われても仕方ありません。

ですが秀吉《ひでよし》は、きっと大まじめだったのだと思います。

はじめ、戦はとんとん拍子《びょうし》でしたが、すぐに明の援軍《えんぐん》がかけつけて、朝鮮《ちょうせん》で義勇兵《ぎゆうへい》が蜂起《ほうき》し、日本軍は撤退《てったい》。

いったん和議を結びますが、明からの使者が出してきた条件《じょうけん》が気に入らず、秀吉《ひでよし》はまた出兵します。これが「**慶長《けいちょう》の役**」です。

部下たちがいやがる仕事

そのころ、朝鮮《ちょうせん》に送られている日本軍の将兵《しょうへい》たちはつかれきっていました。

戦っている将兵《しょうへい》たち自身、「勝てる気がしない」どころか「なんのために戦《いくさ》をして

いるんだっけ？」と思っていたことでしょう。

はじめからイマイチやる気がなかったのに、戦《いくさ》をしても戦《いくさ》をしても敵兵《てきへい》がわいてくるわけですから、「やってられるか！」とモチベーションがだだ下がりになっていったのです。

そんなところに秀吉《ひでよし》が死去。

撤兵《てっぺい》命令を聞いた将兵《しょうへい》たちは内心、こう思っていたにちがいありません。

「やったーっ！　帰れるーっ！」

だって、そうでしょ。いまでこそ九州と朝鮮《ちょうせん》半島のあいだは飛行機ですぐの時代。

でも戦国時代は船。しかも帆《ほ》で風を受けるか、人力で漕《こ》がないといけない船です。

何日もかかって、やっと朝鮮《ちょうせん》半島にわたれたのです。ゆれるし、船酔《ふなよ》いします。

朝鮮《ちょうせん》半島に着いたら着いたで、冬ならめちゃくちゃ寒い。

食べるものにもなれていません。

戦場は不衛生《ふえいせい》ですから、いつ病気になるかもわかりません。

ようやく帰れる、だったにちがいありません。

こうして朝鮮《ちょうせん》出兵は終わりを告げたのです。

精神的《せいしんてき》におかしかった？　それとも……？

朝鮮《ちょうせん》出兵の期間は、文禄《ぶんろく》元年（一五九二）から慶長《けいちょう》三年（一五九八）まで六年半もつづきました。

そのあいだ国内にいた秀吉《ひでよし》は、淀殿《よどどの》とのあいだに生まれた鶴松《つるまつ》を亡《な》くすと、関白の地位を豊臣秀次《とよとみひでつぐ》にゆずって後継者《こうけいしゃ》とし、みずから太閤《たいこう》に。しかし淀殿《よどどの》とのあいだに、のちの秀頼《ひでより》が生まれると、さっさと後継者《こうけいしゃ》を秀頼《ひでより》に変更《へんこう》。秀次《ひでつぐ》がすねた行動をとると高野山《こうやさん》に流して切腹《せっぷく》に追いこみ、正室、側室、子供《こども》まで処刑《しょけい》してしまいます。また朝鮮《ちょうせん》から連れてきた朝鮮《ちょうせん》人に残虐《ざんぎゃく》な行動をとったことから、精神的《せいしんてき》におかしくなっていたとする説もあります。

これが精神的《せいしんてき》におかしかったから朝鮮《ちょうせん》出兵をおこなったという説です。

さらに晩年《ばんねん》、おしっこをもらすようなこともあったため、ボケていたという説も出てきました。

いずれにしても、井《い》の中の蛙《かわず》だった秀吉《ひでよし》のせいで、攻《せ》めこまれて、多くの国民を失った朝鮮《ちょうせん》はたまったものではありません。

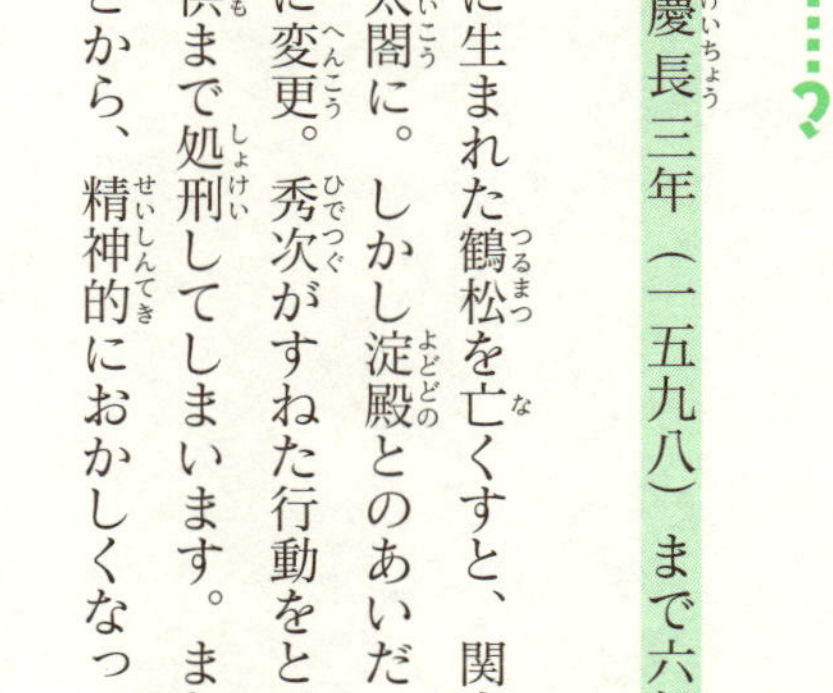

亡《な》くなるとき、秀吉《ひでよし》は、こんな辞世の句《く》を残しました。

「露《つゆ》とおち　露《つゆ》と消えにし　わが身かな　難波《なにわ》のことも　夢《ゆめ》のまた夢《ゆめ》」

中国大陸にわたりたかった「夢《ゆめ》」はかなうことはありませんでした。

いろいろ悪口をいわれる晩年《ばんねん》の秀吉《ひでよし》ですが、やっぱりクスノキは、大まじめに「明《みん》を征服《せいふく》できる」「世界を征服《せいふく》できる」と思っていたのだと思います。

あなたはどのタイプ!?なんて言ってたころがなつかしいわ……
晩年はおそろしいことばかり……

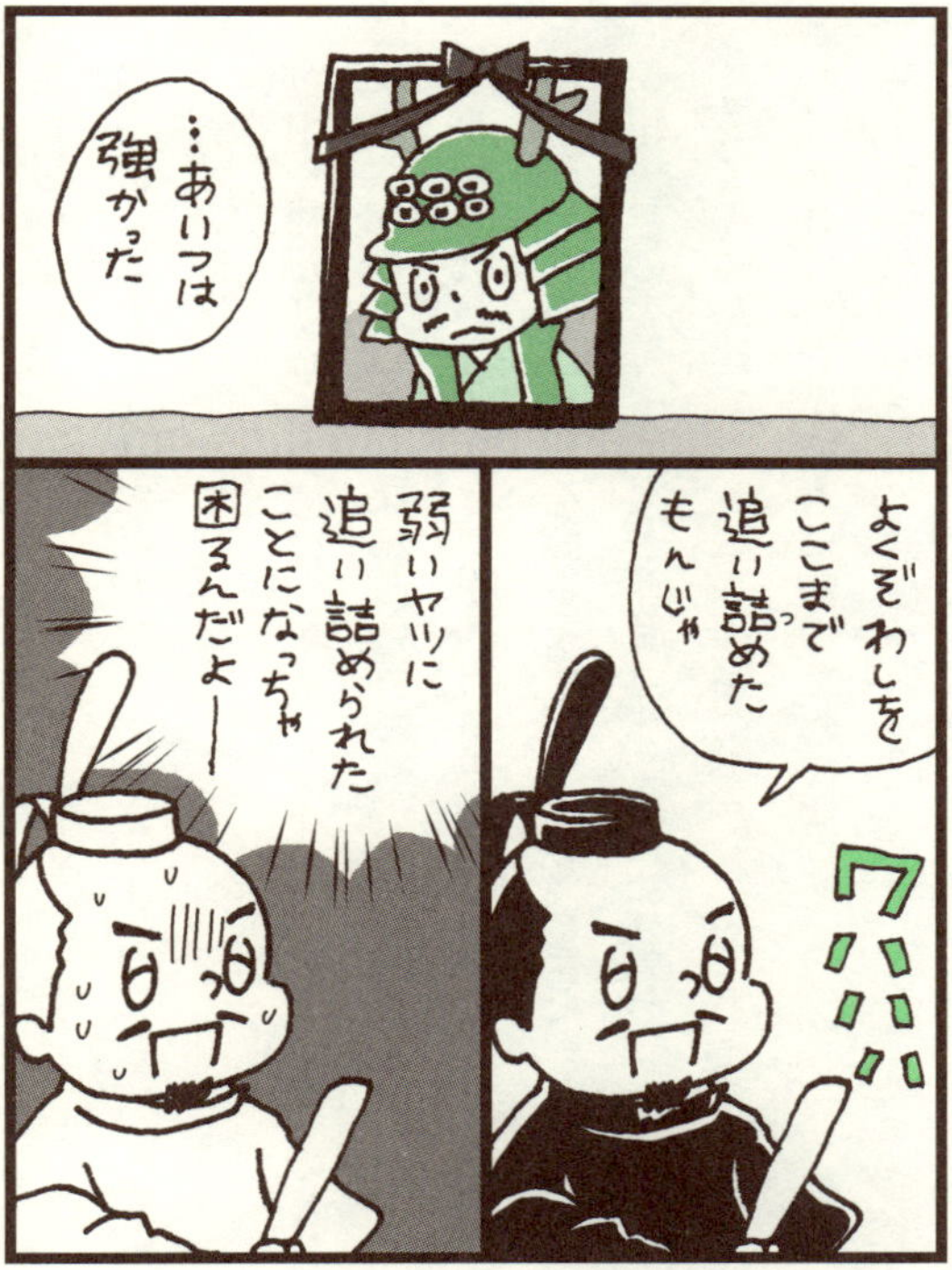

エピソード

12 真田幸村《さなだゆきむら》は戦《いくさ》の神様ではない？

大坂《おおざか》の陣《じん》はじまる

真田幸村《さなだゆきむら》は、数多くいる戦国武将《ぶしょう》たちのなかでも人気の高い人物です。

なぜ人気があるのか？

それは、これから先を読んでもらえればわ

かると思います。

名前は「信繁《のぶしげ》」がほんとうですが、まだまだ「幸村《ゆきむら》」のほうが知れわたっているので、幸村《ゆきむら》でとおしたいと思います。

真田幸村《さなだゆきむら》が活躍《かつやく》したのは、平成二八年（二〇一六）のNHK大河《たいが》ドラマ『真田丸《さなだまる》』に象徴《しょうちょう》されるとおり、なんといっても大坂《おおざか》の陣《じん》です。

関ヶ原の戦いで、亡《な》き豊臣秀吉《とよとみひでよし》に忠誠《ちゅうせい》を誓《ちか》いつづける石田三成《いしだみつなり》ら武将《ぶしょう》たちを破《やぶ》った徳川家康《とくがわいえやす》は江戸《えど》に幕府《ばくふ》を開きます。ですが、まだ一大名でいつづける秀吉《ひでよし》の遺児《いじ》、豊臣秀頼《とよとみひでより》、その実母の淀殿《よどどの》が邪魔《じゃま》で邪魔《じゃま》で仕方がありませんでした。

そこで秀頼《ひでより》が建てた方広寺《ほうこうじ》の鐘《かね》に書かれた文字に難癖《なんくせ》をつけて、戦を仕掛《しか》けます。戦ができれば、なんでもよかったのです。

余談《よだん》ですが、いま観光地になっている方広寺鐘楼《ほうこうじしょうろう》。家康《いえやす》が難癖《なんくせ》をつけた箇所《かしょ》が白くマジック（?）で囲まれています。「ああ、あそこがそうなのね」とわかりやすくていいんですが、文化財《ぶんかざい》に白いマジックって、いかがなものかと思ってしまいます。

この方広寺《ほうこうじ》の隣《となり》に豊国《とよくに》神社があります。秀吉《ひでよし》が祀《まつ》られている神社ですが、この豊国《とよくに》神社こそ、戦国時代に方広寺《ほうこうじ》があった場所に建てられているのです。

それは、さておき。

大坂《おおざか》の陣《じん》がはじまりました。

はじめは「大坂《おおざか》の陣《じん》」だけでした。しかし和睦《わぼく》時間をはさんで二度、戦《いくさ》があったため「大坂《おおざか》冬の陣《じん》」「大坂《おおざか》夏の陣《じん》」とよばれるようになりました。

関ヶ原の戦いについては、あとでまたお話ししますが、兄の信幸は東軍に味方し、父昌幸《まさゆき》と幸村《ゆきむら》は西軍に味方しました。

敗れた昌幸《まさゆき》と幸村《ゆきむら》は高野山《こうやさん》に流されたあと、ふもとの九度山村《くどやまむら》で罪人《つみびと》としてくらしていました。やがて父昌幸《まさゆき》は亡《な》くなり、幸村《ゆきむら》だけとなります。

流されて一四年がたったころ、豊臣秀頼《とよとみひでより》から「徳川《とくがわ》と戦うから大坂城《おおざかじょう》に入ってほしい」と呼《よ》び出《だ》しがかかります。

出城《でじろ》の傑作《けっさく》！ 真田丸《さなだまる》

でも幸村《ゆきむら》には見張《みは》りがついていました。

これは伝説ですが、幸村《ゆきむら》は「父の法要」という名目で村の人を集めて酒を飲ませ、みなが酔《よ》っぱらって寝《ね》ているすきに九度山村《くどやまむら》をぬけ出したといいます。

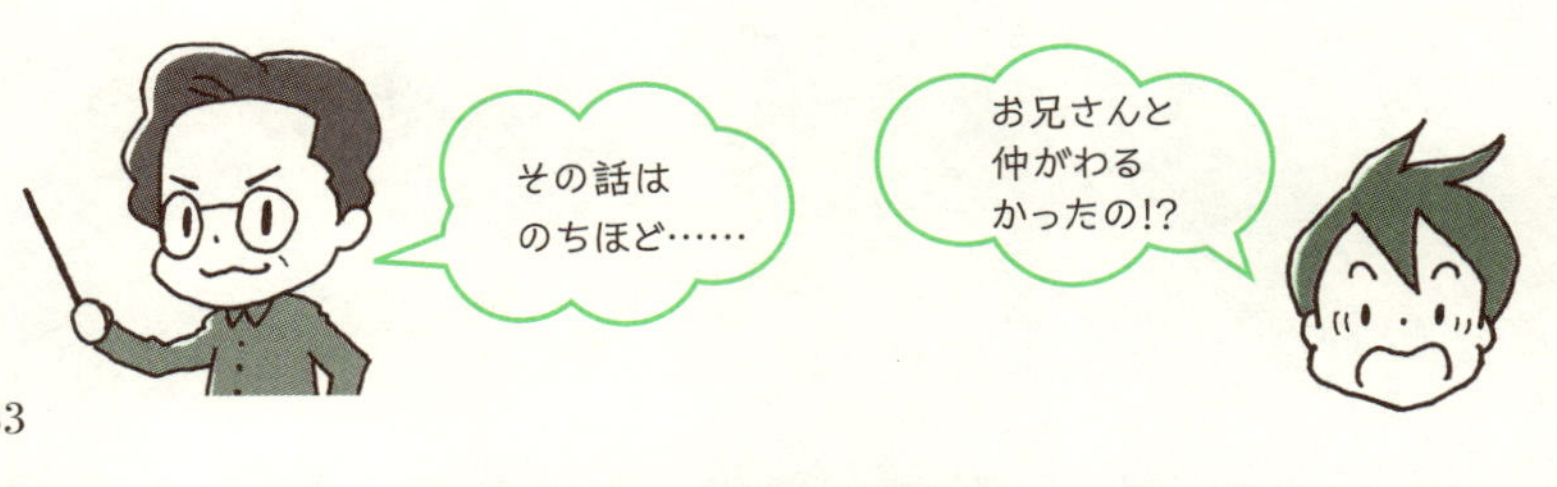
お兄さんと
仲がわる
かったの!?
その話は
のちほど……

こうして幸村《ゆきむら》は、わが子や部下たちと大坂城《おおざかじょう》に入ります。

大坂城内《おおざかじょうない》には、亡《な》き豊臣秀吉《とよとみひでよし》に忠誠《ちゅうせい》を誓《ちか》いつづけている、いまはどこの大名の家臣にもなっていない浪人《ろうにん》たちがおおぜい集まっていました。

そのなかで大将格《たいしょうかく》のひとりとなった幸村《ゆきむら》は、東から進軍してくる徳川家康《とくがわいえやす》ひきいる東軍を琵琶湖《びわこ》近くで待《ま》ち伏《ぶ》せ、瀬田《せた》の唐橋《からはし》をわたってきたところで橋を落として退《たい》路《ろ》を断《た》ち、決戦しようと提案《ていあん》します。集まった浪人《ろうにん》たちも賛成《さんせい》しますが、大坂城《おおざかじょう》が難《なん》攻不落《こうふらく》だと信じて疑《うたが》わない淀殿《よどの》が頑固《がんこ》に反対。母親の意見に流された秀頼《ひでより》の決断《けつだん》で籠《ろう》城《じょう》することが決まってしまいます。

しかし城《しろ》の南側は空堀《からぼり》こそあるものの、その先は平坦《へいたん》な台地が広がっているだけで、防備《ぼうび》は完璧《かんぺき》ではありませんでした。

幸村《ゆきむら》は次なる策《さく》を立てます。

南側の空堀《からぼり》の外に出城《でじろ》「真田丸《さなだまる》」を築《きず》いて、できるだけ攻撃《こうげき》をおくらせようという作戦でした。

空堀《からぼり》の南に、直径一八〇メートルの円を半分に切ったようなかたちの台地を掘《ほ》り、台地のふちには二階建ての塀《へい》を築《きず》き、上からも下からも銃撃《じゅうげき》できるようにしました。

さらに真田丸《さなだまる》の外側には空堀《からぼり》も掘《ほ》りました。

一か月の突貫《とっかん》工事で、この真田丸《さなだまる》を完成させたのです。

戦がはじまりました。

幸村《ゆきむら》は、兵たちを使って敵《てき》を挑発《ちょうはつ》。

挑発《ちょうはつ》に乗り、怒《おこ》って攻《せ》めてきたところで、真田丸《さなだまる》からいっせいに鉄砲《てっぽう》を射《い》かける作戦が成功します。

真田丸《さなだまる》ひとつで、東軍の攻撃《こうげき》を防《ふせ》いでみせたのです。

真田幸村《さなだゆきむら》の名は一気に広まりました。

家康《いえやす》死す!?

東軍が豊臣《とよとみ》方に和睦《わぼく》をもちかけてきますが、これは家康《いえやす》のわなでした。

和睦《わぼく》の条件《じょうけん》以外に、大坂城《おおざかじょう》の総堀《そうぼり》（外堀《そとぼり》）を埋《う》め立《た》てる、と口約束がされたのです。

幸村《ゆきむら》は、東軍に夜襲《やしゅう》をかけて、家康《いえやす》をとらえようと提案《ていあん》しますが、「和睦《わぼく》したことにならない」と淀殿《よどの》に反対されてしまいます。

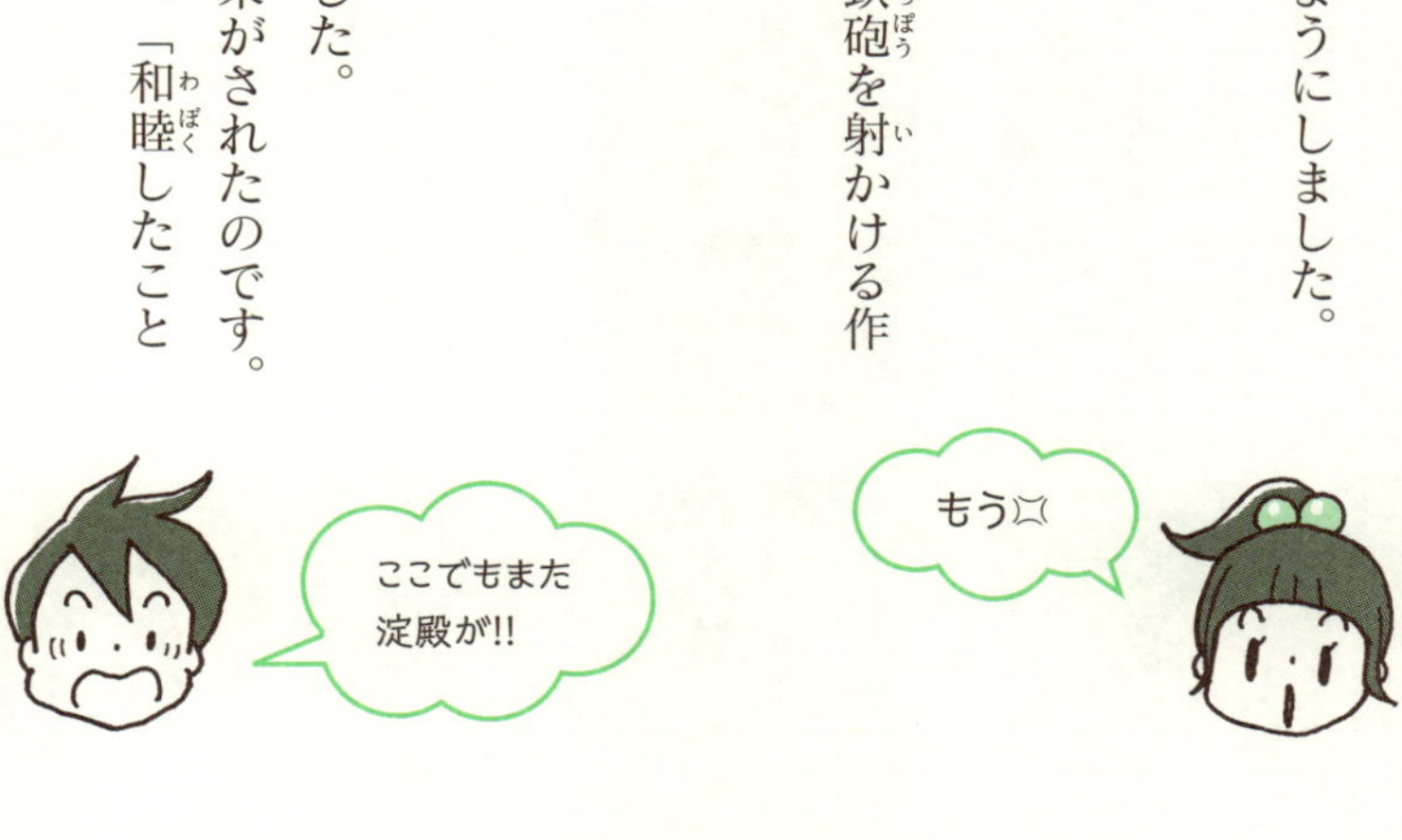

そして堀《ほり》の埋《う》め立《た》て工事がはじまりますが、東軍は総堀《そうぼり》（外堀《そとぼり》）の埋《う》め立《た》てにとどまらず、真田丸《さなだまる》を取《と》り壊《こわ》し、さらに内堀《うちぼり》も埋《う》め立《た》ててしまいます。

豊臣《とよとみ》方は「約束がちがう」と訴《うった》えますが、帰ってきた答えは、こうでした。

「総堀《そうぼり》とは、すべての堀《ほり》のことと考えている」

えーっ！　ですよね。

抗議《こうぎ》すると、家康《いえやす》がいいました。

「こちらのあやまちだ。申しわけない。だが二度と戦《いくさ》をしないのだから堀《ほり》の必要はなかろう」

家康《いえやす》に、まんまとしてやられてしまったのです。家康《いえやす》が和睦《わぼく》を申し出たほんとうの目的は、難攻不落《なんこうふらく》といわれた大坂城《おおざかじょう》の堀《ほり》の埋《う》め立《た》てだったのです。堀《ほり》を埋《う》め立《た》てやすくするために冬の陣《じん》を仕掛《しか》けたといってもいいかもしれません。

さらに難癖《なんくせ》をつけられた秀頼《ひでより》は戦《いくさ》を決意。

ですが堀《ほり》もなければ真田丸《さなだまる》もないのですから、城《しろ》の外に打って出て、刃《やいば》をまじえるしかありません。

幸村《ゆきむら》が考えていることは、大御所《おおごしょ》「家康《いえやす》の首」と将軍《しょうぐん》「秀忠《ひでただ》の首」だけでした。

いくら西軍の将兵《しょうへい》が減《へ》っても、東軍大将《たいしょう》の首をとれば、総《そう》くずれになるだろうと。

この大坂夏の陣《じん》では、幸村《ゆきむら》ら浪人《ろうにん》たちが大活躍《だいかつやく》。一時は徳川《とくがわ》方を総《そう》くずれにさせ、幸村《ゆきむら》が本陣《ほんじん》にせまったときには、家康《いえやす》の周囲には兵がひとりしかいない状態《じょうたい》でした。このとき家康《いえやす》は自害を覚悟《かくご》したといわれています。

ですが、散り散りになっていた本陣《ほんじん》の兵たちがもどってきて反撃《はんげき》に出たため、幸村《ゆきむら》は家康《いえやす》の首をとる絶好《ぜっこう》の機会を失ってしまいます。そして敗走のすえ、神社で身体を休ませていたところを敵兵《てきへい》に見つかり、討《う》たれてしまうのです。

幸村《ゆきむら》、四九歳《さい》の死でした。

創《つく》られた英雄像《えいゆうぞう》

大坂《おおざか》の陣《じん》に参戦した武将《ぶしょう》たちの口づてで、真田幸村《さなだゆきむら》の活躍《かつやく》が伝えられることになりました。

家康《いえやす》も、家臣たちが真田幸村《さなだゆきむら》のうわさをすることを許《ゆる》したといいます。

これは、ほんとうにほめたのではないはずです。

「自分を追いつめたのはさすがじゃ」という勝者のゆとりか。

「弱いやつに追いつめられたと伝えられてはメンツが立たない」と思ったのか。

江戸《えど》時代中期には、真田幸隆《さなだゆきたか》・昌幸《まさゆき》・幸村《ゆきむら》の三代の活躍《かつやく》を書いた軍記物語『真田三代記』によってもてはやされるようになり、さらに明治時代末期から大正時代末期にかけて出版《しゅっぱん》された講談本《こうだんぼん》シリーズ「立川文庫《たちかわぶんこ》」の登場で、ますます人気が高まります。

とくに立川文庫《たちかわぶんこ》で人気になったのは、幸村《ゆきむら》だけでなく、幸村《ゆきむら》ひきいる真田十勇士の活躍《かつやく》です。

真田十勇士とは、猿飛佐助《さるとびさすけ》、霧隠才蔵《きりがくれさいぞう》、三好清海入道《みよしせいかいにゅうどう》・三好伊三入道《みよしいさにゅうどう》兄弟、海《うん》野《の》六郎《ろくろう》、穴山小助《あなやまこすけ》、根津甚八《ねづじんぱち》、由利鎌之助《ゆりかまのすけ》、筧十蔵《かけいじゅうぞう》、望月六郎《もちづきろくろう》。

史料などに名前が登場する人物もいれば、モデルがいる人物、架空《かくう》の人物もいます。

幸村《ゆきむら》が、彼《かれ》らをひきいて活躍《かつやく》する内容《ないよう》は、すべてフィクション。

そこで冒頭《ぼうとう》の疑問《ぎもん》にもどります。

なぜ幸村《ゆきむら》は、人気があるのでしょうか。

クスノキが思うに、それは幸村《ゆきむら》が大坂《おおざか》夏の陣《じん》で美しく散ったからではないでしょうか。

「源義経《みなもとのよしつね》はチンギス・ハン?」でも書きましたが、日本人は判官贔屓《ほうがんびいき》する国民なので、敗者に弱いのです。

気がつけば、幸村《ゆきむら》は「日本一《ひのもといち》の兵《つわもの》」とよばれる武将《ぶしょう》になったのです。

幸村《ゆきむら》の実体

しかし！

幸村《ゆきむら》はほんとうに「日本一の兵《つわもの》」だったのでしょうか。

大坂《おおざか》冬の陣《じん》・夏の陣《じん》で縦横無尽《じゅうおうむじん》の活躍《かつやく》をみせたことから、まるで「戦《いくさ》の神様」のように思われがちです。

ですが、じつは、それまで戦《いくさ》を指揮《しき》したことは、いちどもありませんでした。

びっくりですよね。

ほんとうの「戦《いくさ》の神様」は、父昌幸《まさゆき》のほうだったのです。

関ヶ原の戦いの前、「真田家を残す」！　それだけのために、父真田昌幸《まさゆき》と次男幸村《ゆきむら》は西軍に、長男信幸は東軍につきます。

徳川家康《とくがわいえやす》にしたがって上杉《うえすぎ》攻《ぜ》めに向かう途中《とちゅう》、下野国《しもつけのくに》（栃木県《とちぎけん》）の犬伏《いぬぶし》での出来事なので「犬伏《いぬぶし》の別れ」といいます。

関ヶ原の戦いのとき、昌幸《まさゆき》と幸村《ゆきむら》は上田城《うえだじょう》に籠城《ろうじょう》し、これから関ヶ原に行く通りすがりの秀忠《ひでただ》の軍と戦いました。

かつて家康《いえやす》は上田城《うえだじょう》を攻《せ》めますが、昌幸《まさゆき》の策《さく》に引っかかって敗走したことがあるため、秀忠《ひでただ》は上田城《うえだじょう》を落として、家康《いえやす》にほめてもらいたかったのでしょう。

ですが秀忠《ひでただ》は落とせないばかりか、関ヶ原に遅刻《ちこく》することになって家康《いえやす》に大目玉を食らってしまうのです。

このときも幸村《ゆきむら》は、父昌幸《まさゆき》の言うがままに動いているだけでした。

だから大坂冬《おおざかふゆ》の陣《じん》が、はじめての戦の指揮《しき》だったのです。

ただ「戦《いくさ》の神様」だった昌幸《まさゆき》の策《さく》を見て、すべて頭に入れていたのが役に立ったのです。「真田丸《さなだまる》」も、関ヶ原の戦いのときに上田城《うえだじょう》に築《きず》いた出城《でじろ》にヒントを得たものだったのですから。

エピソード
13
徳川家康《とくがわいえやす》はスパイを使っていた?

「ハットリくん」は存在《そんざい》するのか

どんぐり眼《まなこ》、「へ」の字の口、ほおのうずまき、「ニンニン」の口調で知られる『忍者《にんじゃ》ハットリくん』（作者藤子不二雄《ふじこふじお》Ⓐ）は、伊《い》賀《が》流少年忍者《にんじゃ》で服部半《はっとりはん》蔵《ぞう》の子孫という設定《せってい》。

漢字で書くと服部貫蔵《はっとりかんぞう》。
みなさんに質問《しつもん》です。

Q　先祖《せんぞ》とされる服部半蔵《はっとりはんぞう》は実在《じつざい》したのでしょうか？

A　実在《じつざい》しました。

Q　服部半蔵《はっとりはんぞう》は忍者《にんじゃ》だったのでしょうか？

A　忍者《にんじゃ》だった人もいます。そうじゃなかった人もいます。

いま、みなさん、「は？」って思いましたよね。
どういうことでしょうか。
クスノキがお答えします。

忍者《にんじゃ》の系譜《けいふ》

日本の忍者《にんじゃ》の起源《きげん》については、いくつか説があります。

いちばん古いものは聖徳太子《しょうとくたいし》の時代までさかのぼるそうです。

もし聖徳太子《しょうとくたいし》が忍者《にんじゃ》をあやつっていた、とかいうとカッコいいですが、飛鳥時代に忍者《にんじゃ》がいたというのは、う〜ん、ちょっとあやしげです。

じっさいは平安時代末期の源平《げんぺい》時代以降《いこう》らしく、とくに南北朝時代、応仁《おうにん》の乱《らん》、戦国時代など、世の中が乱《みだ》れているときに、忍者《にんじゃ》は活躍《かつやく》しました。

はじめは、地理にくわしい人たちが武将《ぶしょう》らにやとわれていました。敵《てき》の情報《じょうほう》を集めるためです。

その人たちが、しだいにプロ化、集団化《しゅうだんか》していきます。

敵《てき》の情報《じょうほう》を集めるためだけではなく、敵《てき》の武器《ぶき》や兵糧《ひょうろう》を奪《うば》ったり、放火したり、夜《や》襲《しゅう》をかけたり、火薬を使ったりするようになっていったのです。

なかでも有名だったのが、伊賀《いが》地方（三重県）の忍者《にんじゃ》、甲賀《こうが》地方（滋賀県《しがけん》）の忍者《にんじゃ》です。

なぜ伊賀《いが》と甲賀《こうか》が有名になったかというと、おそらく平安時代からずっと、武家政《ぶけせい》権《けん》の中心が京都に置かれていたからです。伊賀《いが》地方・甲賀《こうが》地方の忍者《にんじゃ》をやといやすかったのでしょう。

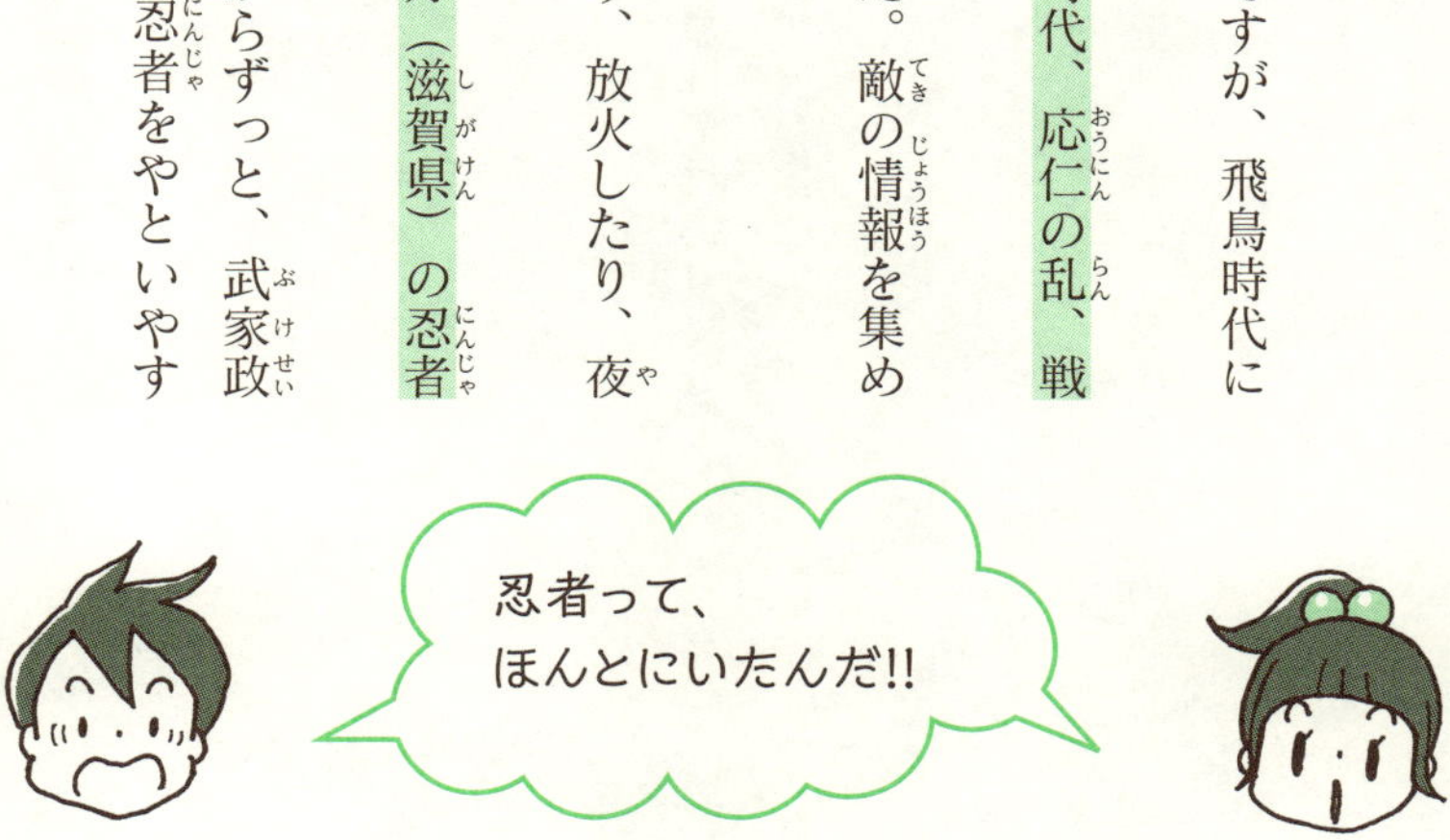

伊賀《いが》地方・甲賀《こうが》地方にかぎらず、日本全国に忍者《にんじゃ》がいたのはまちがいありません。
伊賀忍者《いがにんじゃ》のなかでも有名だったのが、上忍《じょうにん》三家とよばれるトップ3。

1 藤林長門守《ふじばやしながとのかみ》
2 百地三太夫《ももちさんだゆう》
3 服部半蔵《はっとりはんぞう》

上忍《じょうにん》とは「巧《たく》みな忍者《にんじゃ》」を意味していて、「上級の忍者《にんじゃ》」という意味ではありません。「中忍」（中級の忍者《にんじゃ》）や「下忍」（下級の忍者《にんじゃ》）がいたわけではないのです。「下忍」「中忍」に入れられるのはイヤじゃないですか。

神君伊賀越《しんくんいがご》え

伊賀《いが》の上忍《じょうにん》三家のひとり、服部半蔵《はっとりはんぞう》を一躍《いちやく》メジャーにしたのが天正一〇年（一五八二）六月、本能寺《ほんのうじ》の変の直後のことです。

忍者《にんじゃ》がメジャーになっていいのかというツッコミは、なしね。

織田信長《おだのぶなが》によばれて、安土城《あづちじょう》、つづいて堺《さかい》で接待《せったい》を受けていた徳川家康《とくがわいえやす》は、本能寺《ほんのうじ》の変が起きるや、主君信長《のぶなが》のあとを追おうとして部下に止められ、次に仇《かたき》を討《う》とうとしますが、やはり部下に止められます。

そこで、ひとまず居城《きょじょう》がある三河国《みかわのくに》（愛知県）岡崎城《おかざきじょう》にもどり、兵を整えることにします。

京都、安土を通る幹線《かんせん》ルートを経由《けいゆ》すると明智光秀《あけちみつひで》の兵がどこにいるかわからないため、堺《さかい》から畿内《きない》をまっすぐに伊勢湾《いせわん》まで抜《ぬ》ける伊賀越《いがご》えを決意します。

少人数で未知の山を越《こ》えるのです。どこに野武士《のぶし》の群《む》れがいるかもしれません。ふつうなら避《さ》けるのですが、家康《いえやす》は断行《だんこう》します。

それは部下のなかに服部半蔵《はっとりはんぞう》がいたからです。

この逃走劇《とうそうげき》は「伊賀越《いがご》え」といわれています。

「伊賀《いが》」越《ご》えですから、服部半蔵《はっとりはんぞう》の出身地を通っていくのです。

半蔵《はんぞう》が偵察《ていさつ》をかねて先を行き、味方に声をかけておけば、安全を確保《かくほ》できるというわけです。

このとき半蔵《はんぞう》は伊賀《いが》の忍者《にんじゃ》二〇〇人、ときにライバルとなって戦うこともあった甲《こう》

賀《が》の忍者《にんじゃ》一〇〇人の協力も得ることができたとされています。

それでも家康《いえやす》は危険《きけん》にさらされ、ときに野武士《のぶし》たちに襲《おそ》われながらも、なんとか伊《い》勢湾《せわん》に到達《とうたつ》。舟《ふね》で岡崎城《おかざきじょう》にもどることができました。

戦に敗れた三方原《みかたがはら》の戦いと並《なら》び称《しょう》されるほど、家康《いえやす》の人生での危機《きき》で、のちに「神君（家康《いえやす》のこと）伊賀越《いがご》え」とよばれるようになりました。

半蔵《はんぞう》は四人いた！

じつは服部半蔵《はっとりはんぞう》は四人いました。

「服部半蔵《はっとりはんぞう》」は代々襲名《しゅうめい》する名前だったのです。

初代半蔵《はんぞう》の実名は「保長《やすなが》」といいました。

伊賀国《いがのくに》（三重県）出身の初代服部半蔵保長《はっとりはんぞうやすなが》は、三河国《みかわのくに》（愛知県）に移《うつ》ってから松《まつ》平《だいら》家の家臣となり、家康《いえやす》の祖父松平清康《そふまつだいらきよやす》につかえました。

この初代半蔵《はんぞう》（保長《やすなが》）は、れっきとした忍者《にんじゃ》でした。

その息子《むすこ》が、家康《いえやす》の伊賀越《いがご》えを成功させた二代半蔵《はんぞう》（正成《まさなり》）です。

小田原の陣《じん》のあと、かつて北条《ほうじょう》氏が支配《しはい》していた関東に家康《いえやす》が入ると、二代半蔵《はんぞう》

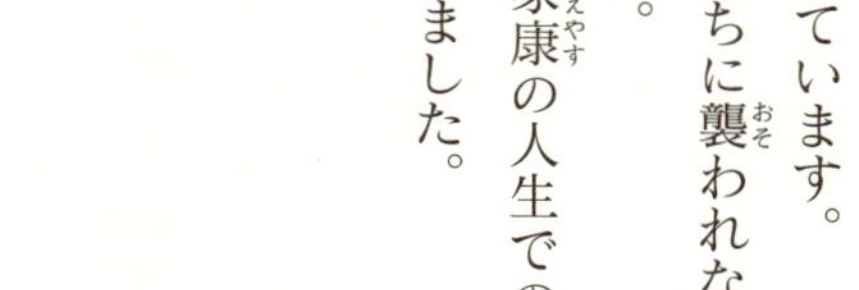
神君伊賀越えは
2代目半蔵の活躍
だったんだね

（正成《まさなり》）は、与力《よりき》三十騎《き》、伊賀《いが》同心二百人のとりまとめ役となりました。このころは、すでに忍者《にんじゃ》ではなく、戦《いくさ》となれば甲冑《かっちゅう》を着て戦う家臣のひとりになっていました。前半生が忍者《にんじゃ》、後半生が家臣の「ハイブリッド」といったところでしょうか。

二代半蔵《はんぞう》（正成《まさなり》）は、江戸城《えどじょう》の西に屋敷《やしき》を与《あた》えられました。その屋敷《やしき》に近い江戸《えど》城《じょう》の門は「半蔵門《はんぞうもん》」とよばれました。いまも地下鉄の路線名として残っていますよね。

なぜ江戸城《えどじょう》の西に屋敷《やしき》があったのでしょうか。

ちゃんと理由があるのです。

もし江戸城《えどじょう》が危機《きき》におちいったときには、将軍《しょうぐん》を半蔵門《はんぞうもん》から甲州《こうしゅう》街道へ避難《ひなん》させ、将軍家《しょうぐんけ》の「シェルター」の役目を負っていた天領《てんりょう》（幕府《ばくふ》の直轄地《ちょっかつち》）の甲府《こうふ》まで将軍《しょうぐん》を警護《けいご》する役目を負っていたからです。

使えなかった子孫たち

でも二代半蔵《はんぞう》（正成《まさなり》）の長男、三代半蔵《はんぞう》（正就《まさなり》）のとき、ある事件《じけん》が起きます。

三代半蔵《はんぞう》（正就《まさなり》）が、部下の伊賀《いが》同心たちの反感を買って失脚《しっきゃく》。

伊賀《いが》組はランクを下げてしまい、同じく忍者《にんじゃ》をルーツとする甲賀《こうが》組、根来《ねごろ》組などと

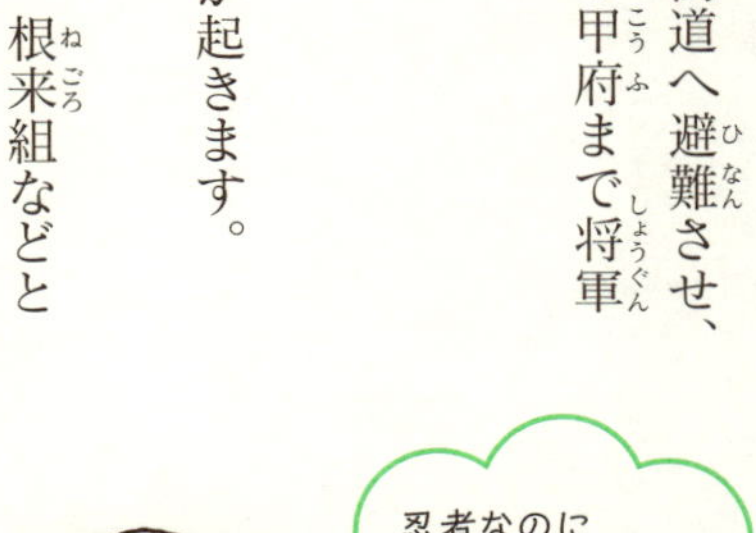

ともに、「鉄砲百人組《てっぽうひゃくにんぐみ》」に組《く》み込《こ》まれてしまうことになってしまうのです。

この事件《じけん》で失脚《しっきゃく》した三代半蔵《はんぞう》（正就《まさなり》）にかわって半蔵《はんぞう》を名乗ったのが、二代半蔵《はんぞう》（正成《まさなり》）の次男、四代半蔵《はんぞう》（正重《まさしげ》）でした。

ですが、正重《まさしげ》のころには、忍者《にんじゃ》のにおいすらなく、佐渡《さど》金山の役人になりましたが、不祥事《ふしょうじ》でクビになって浪人《ろうにん》。他家で働いていたものの、また浪人《ろうにん》。最後は兄嫁《あによめ》の実家の久松松平家《ひさまつまつだいらけ》で働き、服部家《はっとりけ》だけはつづくことになったのです。

はじめの質問《しつもん》にもどります。

Q　服部半蔵《はっとりはんぞう》は忍者《にんじゃ》だったのでしょうか？

という問いでした。

そして答えは――。

A　忍者《にんじゃ》だった人もいます。そうじゃなかった人もいます。

でした。

わかってもらえましたか？

エピソード

14

水《み》戸《と》黄《こう》門《もん》は旅をしていない？

ドラマ『水《み》戸《と》黄《こう》門《もん》』

みなさん、『水《み》戸《と》黄《こう》門《もん》』という時代劇《じだいげき》ドラマを知っていますか？

小学生～高校生くらいのかたは知らないかもしれませんが、おとなのかたなら、きっとご存《ぞん》じのはず。

なぜかというと、昭和四四年（一九六九）八月にはじまったドラマ『水戸黄門《みとこうもん》』は、ほかの時代劇《じだいげき》ドラマなどをはさみながらですが、なんと平成二三年（二〇一一）一二月まで四二年間も放映《ほうえい》されていたからなんです。

あとでくわしく書きますが、「水戸黄門《みとこうもん》」ってだれ？　ですよね。「水戸黄門《みとこうもん》」というのはニックネームみたいなもので、ほんとうの名前は「徳川光圀《とくがわみつくに》」といいます。徳川家康《とくがわいえやす》の孫。家康《いえやす》が自分の子供《こども》に創設《そうせつ》させた御三家《ごさんけ》のひとつ水戸藩《はん》の二代藩主《はんしゅ》。ほかのふたつは、尾張藩《おわりはん》と紀伊《きい》（紀州）藩《はん》。

ドラマの内容《ないよう》をざっくり説明しますね。

ある事件《じけん》が起きて助けた大名のお姫《ひめ》さまを地方へ送り届《とど》けるため旅がスタート。登場するのは——。

1　越後《えちご》のちりめん問屋の隠居《いんきょ》「光右衛門《みつえもん》」に扮《ふん》した水戸黄門《みとこうもん》。

2　店の番頭《ばんとう》に扮《ふん》した、女性《じょせい》にモテモテの「助《すけ》さん」こと佐々木助三郎《ささきすけさぶろう》。

3　手代《てだい》に扮《ふん》した腕《うで》っ節《ぷし》のいい「格《かく》さん」こと渥美格之進《あつみかくのしん》。

4 行く先々の情報《じょうほう》を書いた手紙を巻《ま》きつけた風車を飛ばしてくる忍者《にんじゃ》、風車《かざぐるま》の弥七《やしち》。

5 もともと風車の弥七《やしち》のできの悪い弟子で盗賊志望《とうぞくしぼう》だったが、スリをして助《すけ》さん、格《かく》さんにつかまり、以来、くっついてくるようになった食《く》いしん坊《ぼう》のうっかり八兵衛《はちべえ》。

6 つやっぽい女性《じょせい》(名前いろいろ)。じつは忍者《にんじゃ》。

彼《かれ》らが、道中で、困《こま》っている民衆《みんしゅう》を助けてあげると、悪徳《あくとく》商人に苦しめられていることがわかります。その悪徳《あくとく》商人の背後《はいご》には悪代官がいて、ふたりは酒を酌《く》みかわしながら悪事を相談。ふたりが「おぬしも悪よのぅ」「いえいえ、お代官《だいかん》さまほどでは」とほくそ笑むシーンがはさまります。

いよいよ民衆《みんしゅう》が苦しむのを見て、水戸黄門《みとこうもん》らは代官所などに乗りこみます。そこで悪代官が「出会え、出会え!」と手下を集め、水戸黄門《みとこうもん》らを斬《き》ろうとします。

助さんが刀の歯がないほうで峰《みね》打ち、格《かく》さんが格闘技《かくとうぎ》を繰《く》り出《だ》し、弥七《やしち》、忍者《にんじゃ》の女性《じょせい》は小刀で応戦《おうせん》。八兵衛《はちべえ》は逃《に》げまわり、水戸黄門《みとこうもん》は丈夫《じょうぶ》そうな竹の杖《つえ》でやっつける。

ひととおり乱闘《らんとう》したところで、水戸黄門《みとこうもん》が格《かく》さんに金色の三つ葉葵《あおい》の家紋《かもん》が入った

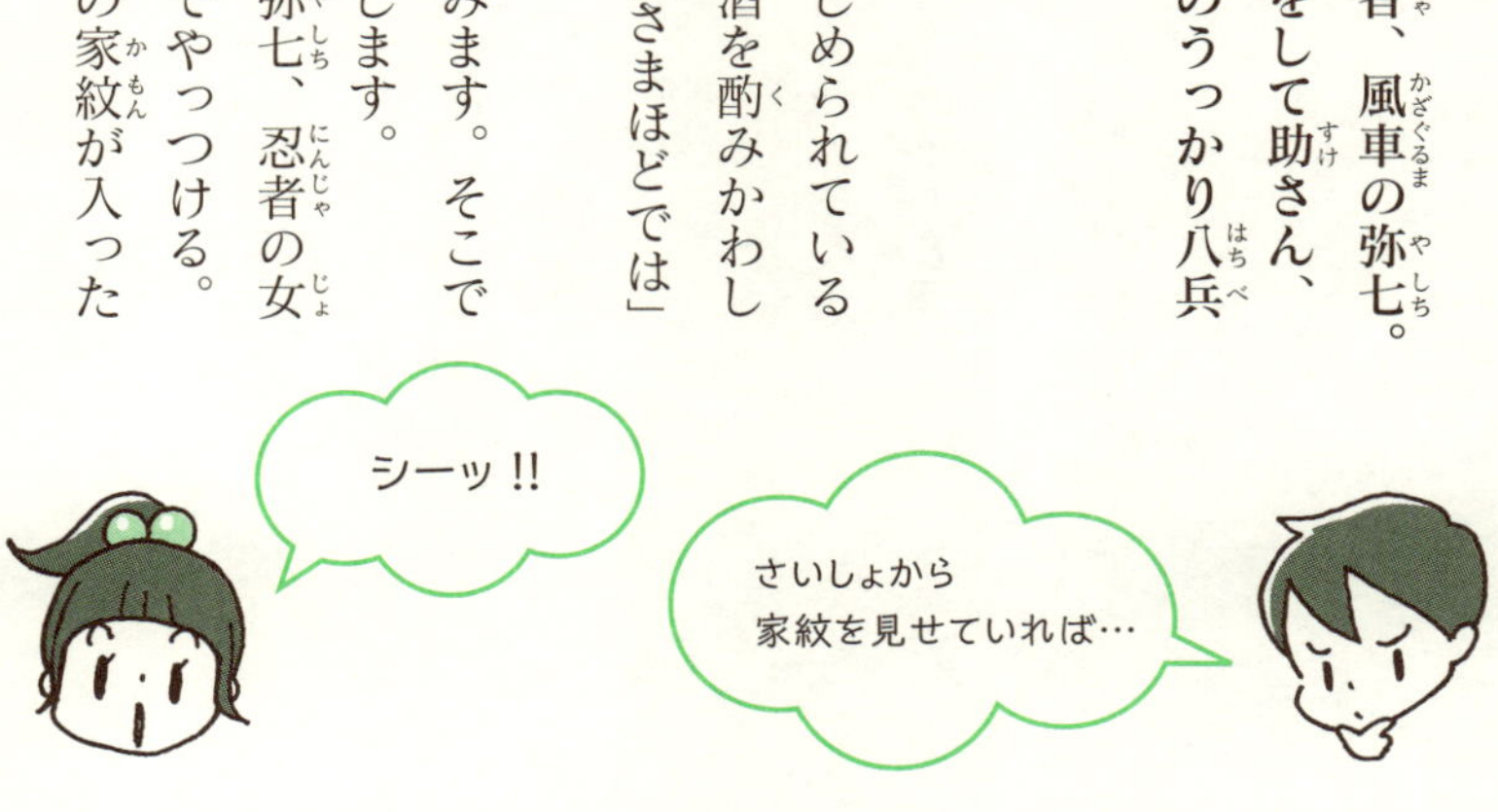
シーッ!!
さいしょから家紋を見せていれば…

黒い印籠《いんろう》（薬入れ）をこっそりわたします。

格《かく》さんが腕《うで》をのばし、印籠《いんろう》を見せながら言います。

「静まれ、静まれ！　このお方をどなたと心得る。恐《おそ》れ多《おお》くも前《さき》の副将軍《ふくしょうぐん》水戸光圀《みとみつくに》公にあらせられるぞ！」

さっきまで悪態《あくたい》をついていた悪代官や悪徳《あくとく》商人が口をぽかんとあけ、「ははーっ」と土下座《どげざ》。水戸黄門《みとこうもん》が説教し一件《いっけん》落着。

水戸黄門《みとこうもん》が「かっかっかっ」と笑い、次の場所へ移動《いどう》していく……。

この水戸黄門《みとこうもん》を演《えん》じた俳優《はいゆう》さんは、東野英治郎《とうのえいじろう》さん、西村晃《こう》さん、佐野《さの》浅夫さん、石坂浩二《こうじ》さん、里見浩太朗《こうたろう》さん。里見浩太朗《こうたろう》さんは、かつては「助《すけ》さん」も演《えん》じたことがあります。

そして平成二九年（二〇一七）一〇月からは、民放ではなくBSで『水戸黄門《みとこうもん》』が復活《ふっかつ》。武田《たけだ》鉄矢さんが水戸黄門《みとこうもん》を演《えん》じることになったのです。

リアルな「水戸黄門《みとこうもん》」

さきほど「水戸黄門《みとこうもん》」はニックネームだと書きましたが、どういうことでしょう。

じつは、水戸光圀《みとみつくに》は「水戸黄門《みとこうもん》」ですが、「水戸黄門《みとこうもん》」は徳川光圀《とくがわみつくに》ではありません。

一休さんのとんち話のようですが、そうではありません。

「黄門」というのは、中国の唐《とう》の時代の「中納言《ちゅうなごん》」の名称《めいしょう》なのです。つまり、水戸藩《はん》主《しゅ》のなかで中納言《ちゅうなごん》の位に就《つ》いた人物なら「水戸黄門《みとこうもん》」ということになるのです。

該当《がいとう》する人物は計七人ですが、二代藩主《はんしゅ》の光圀《みつくに》以外に用いられることはありません。

では「水戸黄門《みとこうもん》」こと徳川光圀《とくがわみつくに》は、どんな人物だったのでしょうか。

じつは一二～一三歳《さい》のころは、とてもグレていたそうで、江戸《えど》の小石川（東京ドームもある後楽園のあったあたり）にあった水戸藩邸《はんてい》をぬけ出しては遊びまわり、ケンカは日常茶飯事《にちじょうさはんじ》。気に食わないことがあれば刀を振《ふ》りまわすこともあったそうです。

ところが一八歳《さい》のとき中国の史料『史記《しき》』伯夷伝《はくいでん》を読んでからは、人が変わったように学問をはじめます。そして三四歳《さい》で二代藩主《はんしゅ》となります。隠退《いんたい》するのは六三歳《さい》のときでした。

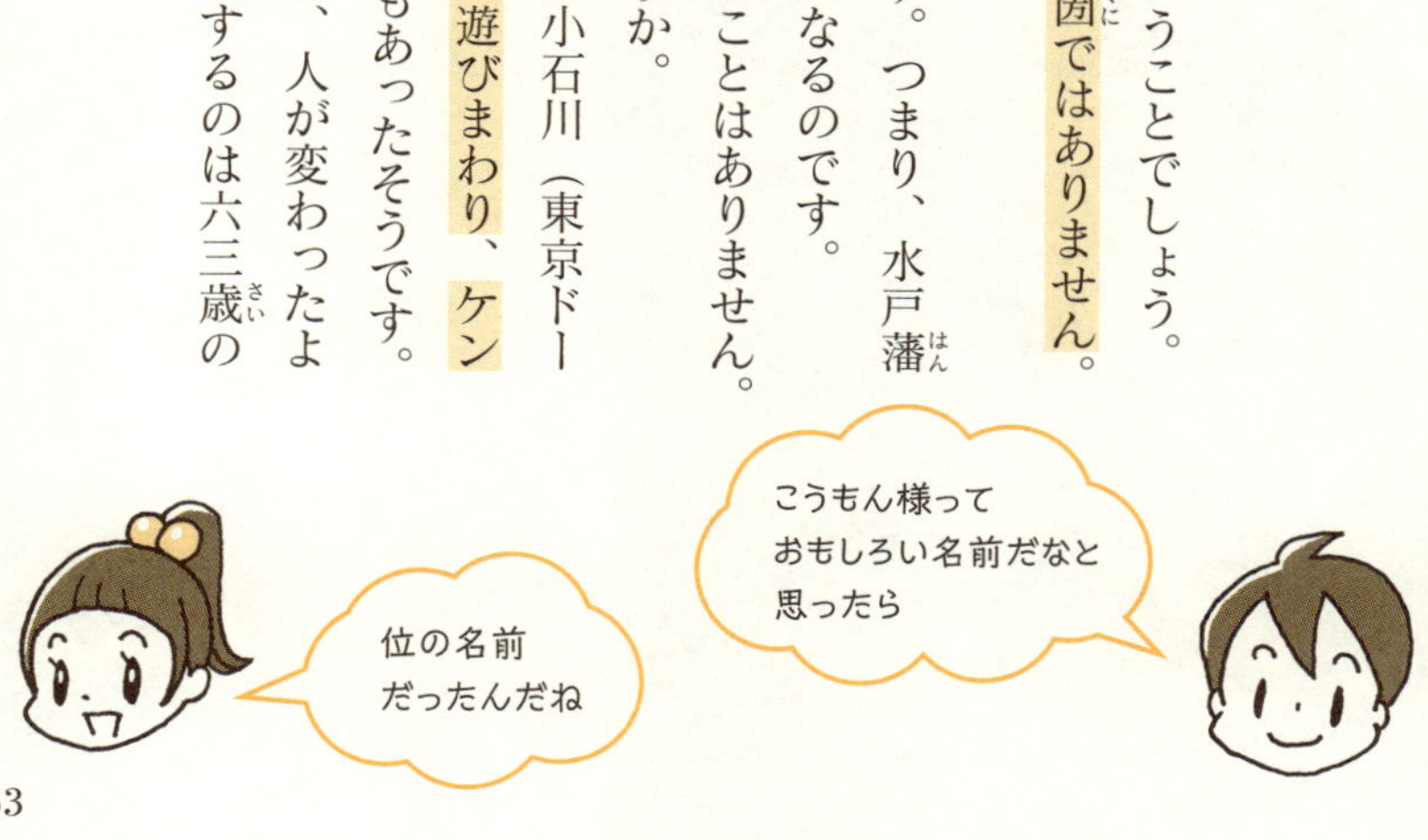
こうもん様って
おもしろい名前だなと
思ったら
位の名前
だったんだね

助《すけ》さんと格《かく》さんはいた！

光圀《みつくに》は藩主《はんしゅ》になる少し前、三〇歳《さい》のときから、江戸《えど》の水戸藩邸内《はんていない》で、ライフワークとなる『大日本史』の編纂《へんさん》をはじめます。完成したのは、光圀《みつくに》が他界した元禄《げんろく》一三年（一七〇〇）からさらに二〇年後の享保《きょうほう》五年（一七二〇）。二五〇巻《かん》を幕府《ばくふ》に献上《けんじょう》したのは四代藩主徳川宗堯《はんしゅとくがわむねたか》でした。

『大日本史』の編纂《へんさん》スタッフは、はじめはわずかでしたが、やがて増員《ぞういん》。新しく加わったスタッフのなかにふたりの学者がいました。

ひとりは史学者の佐々十竹《さっさじっちく》、ひとりは儒学者《じゅがくしゃ》の安積澹泊《あさかたんぱく》。

佐々十竹《さっさじっちく》は三三歳《さい》。本名は佐々宗淳《さっさむねきよ》で、もとは京都妙心寺《みょうしんじ》の僧侶《そうりょ》でした。通称《つうしょう》「介三郎《すけさぶろう》」。「助《すけ》さん」のモデルとなりました。

安積澹泊《あさかたんぱく》は一七歳《さい》。祖父《そふ》から水戸藩士《はんし》で、光圀《みつくに》が中国から招《まね》いた儒学者朱舜水《じゅがくしゃしゅしゅんすい》に師事《しじ》しました。通称《つうしょう》は「覚兵衛《かくべえ》」。「格《かく》さん」のモデルとなりました。

余談《よだん》ですが、光圀《みつくに》は朱舜水《しゅしゅんすい》を招《まね》いたとき、手打ちうどんをふるまい、かわりに朱《しゅ》舜水《しゅんすい》が中国式の麺《めん》を使った「汁《しる》そば」をふるまいました。これが日本で作られたはじめてのラーメンといわれています。

水《み》戸《と》黄門《こうもん》は旅をしていない！

ドラマ『水《み》戸《と》黄門《こうもん》』では、光圀《みつくに》は旅好きに見えます。

ですが！

じっさいの光圀《みつくに》はほとんど旅をしませんでした。

ええーっ！　ですよね。

大名なら参勤《さんきん》交代があるから国元と江戸《えど》を往復《おうふく》したはず？

そう思いますよね。

参勤《さんきん》交代とは、一年は江戸《えど》の藩邸《はんてい》、一年は国元で生活する、のが原則《げんそく》でした。

大名が国元にいるあいだも、妻子《さいし》は江戸《えど》の藩邸《はんてい》でくらしつづけなければなりません。

江《え》戸《ど》幕《ばく》府《ふ》に人質《ひとじち》にとられていたのです。妻子《さいし》が江戸《えど》にいるから、大名は参勤《さんきん》交代せざるをえなかったのです。

でも水戸藩《はん》は、御三家《ごさんけ》ということもあり、江戸《えど》から近いということもあって、参勤《さんきん》

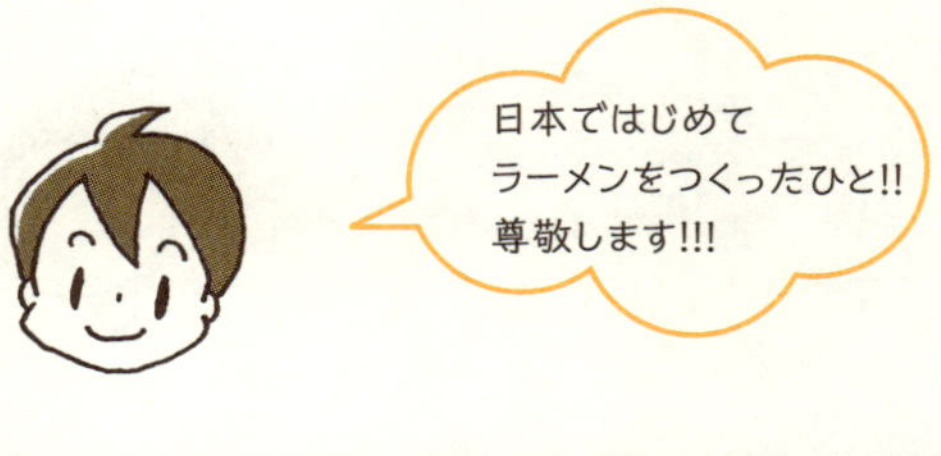
日本ではじめて
ラーメンをつくったひと!!
尊敬します!!!

交代が免除《めんじょ》されていました。小石川の藩邸《はんてい》でくらしながら、必要なときだけ幕府《ばくふ》の許《きょ》可《か》を得て水戸に帰っていたのです。

つまり光圀《みつくに》は、たまの水戸と江戸《えど》の往復《おうふく》以外は、将軍《しょうぐん》にしたがって日光東照宮に参《さん》詣《けい》する、祖母《そぼ》の菩提寺《ぼだいじ》がある鎌倉《かまくら》にたまに足を運ぶ以外、長い旅はありませんでした。水戸藩領内《はんりょうない》の視察《しさつ》もしましたが、これは旅とはいえません。

「水戸黄門諸国漫遊記《みとこうもんしょこくまんゆうき》」の誕生《たんじょう》

ではドラマ『水戸黄門《みとこうもん》』にあるような「諸国漫遊記《しょこくまんゆうき》」は、昭和時代に脚本家《きゃくほんか》やテレビスタッフが考えたことなのでしょうか。

答えはNOです。

光圀《みつくに》が水戸藩領内《はんりょうない》を視察《しさつ》しているとき、民衆《みんしゅう》をこまらせている役人がいたので怒《おこ》ったというエピソードがあって、幕末《ばくまつ》までのあいだに、「名君黄門さま」のうわさが全国に広まったのです。

そして幕末《ばくまつ》、ある講釈師《こうしゃくし》が、流行っていた滑稽《こっけい》本『東海道中膝栗毛《ひざくりげ》』（作　十返舎《じっぺんしゃ》一九《いっく》）になって、光圀《みつくに》とお供《とも》の俳人《はいじん》ふたりが地方大名の政《まつりごと》を視察《しさつ》する内容《ないよう》の話を

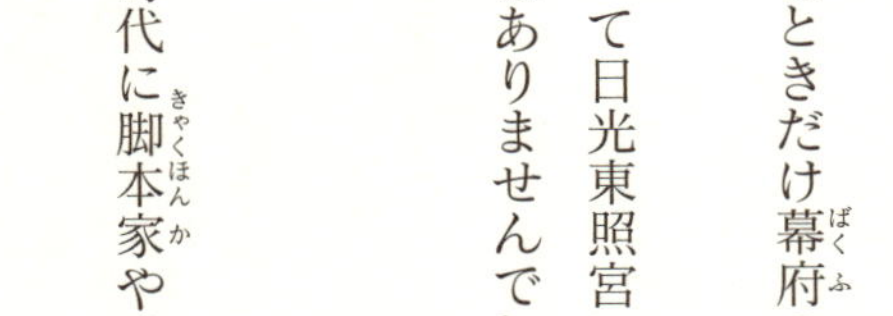

つくります。

そのお供《とも》の俳人《はいじん》が「助《すけ》さん」と「格《かく》さん」になったのは明治時代半ばのこと。

その後も、「水戸黄門諸国漫遊記《みとこうもんしょこくまんゆうき》」の話が芝居《しばい》になり、小説になり、映画化《えいがか》、ラジオドラマ化、そしてテレビドラマ化されることになったのです。

エピソード

15

吉《き》良《ら》上野介《こうずけのすけ》は悪人じゃない？

「忠臣蔵《ちゅうしんぐら》」って知ってる？

「吉良上野介《きらこうずけのすけ》」ってだれ？

タイトルを見たみなさんのなかには、こう思っているかたもいるかもしれません。

いま、そう思った人にクスノキからの質問《しつもん》

です。

Q 「浅野内匠頭《あさのたくみのかみ》」って知ってます？

（クスノキ、耳をそばだてる）

Q 「大石内蔵助《おおいしくらのすけ》」って知ってます？

（クスノキ、耳をそばだてる）

Q 「松之廊下《まつのろうか》」って知ってます？

（クスノキ、耳をそばだてる）

Q 「吉良邸討《きらてい う》ち入《い》り」って知ってます？

（クスノキ、耳をそばだてる）

Q 「忠臣蔵《ちゅうしんぐら》」って言葉、知ってます？

（クスノキ、耳をそばだてる）

どれも知らない……ですか？

う～。

でも、おとなのかたなら、きっとご存《ぞん》じのはず。

ではでは、元禄《げんろく》一四年（一七〇一）にタイムスリップしますね。


ときは元禄《げんろく》一四年（一七〇一）三月一四日。

この日、播磨国《はりまのくに》（兵庫県）赤穂藩主《あこうはんしゅ》の浅野内匠頭長矩《あさのたくみのかみながのり》が、江戸城内《えどじょうない》の松之廊下《まつのろうか》で、いきなり吉良上野介義央《きらこうずけのすけよしひさ》に斬《き》りつけ、額《ひたい》などに軽傷《けいしょう》を負わせる事件《じけん》が起きました。

すぐに「殿中《でんちゅう》でござる！」と、うしろからはがいじめにされて止められます。

江戸城内《えどじょうない》で刀をぬくのは、ご法度《はっと》。つまり禁止《きんし》！

江戸幕府《えどばくふ》は、すぐに浅野内匠頭《あさのたくみのかみ》に厳《きび》しい処分《しょぶん》を言いわたします。


「浅野内匠頭《あさのたくみのかみ》は切腹《せっぷく》！」

「浅野家は御家断絶《おいえだんぜつ》！」

「赤穂藩《あこうはん》はお取《と》り潰《つぶ》し！」


大名にたいしていちばん厳《きび》しい処分《しょぶん》となりました。

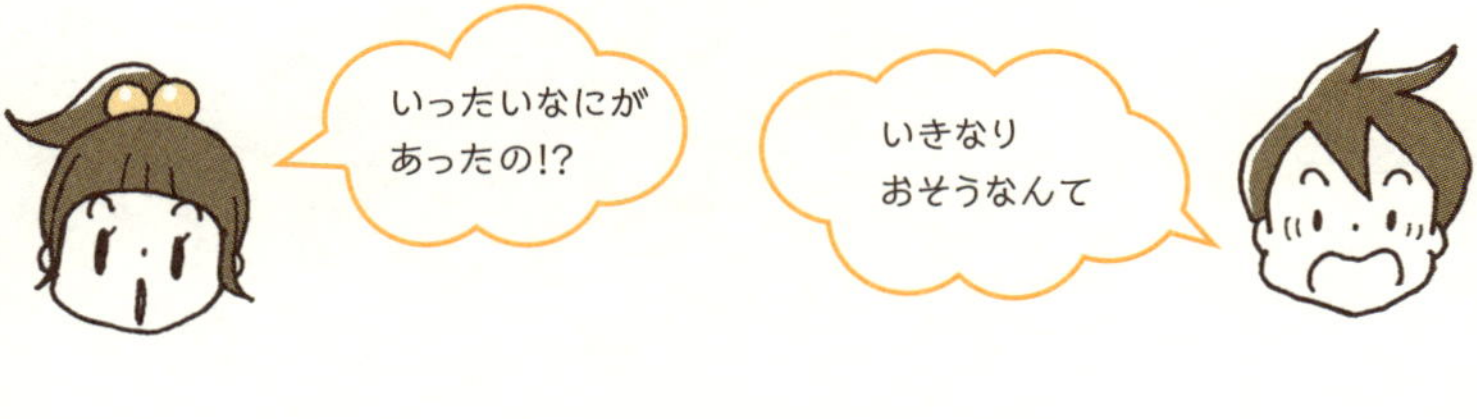
いったいなにが あったの!?
いきなり おそうなんて

なぜ内匠頭《たくみのかみ》が吉良上野介《きらこうずけのすけ》に斬《き》りかかったのかは、いまでもわかっていません。

内匠頭《たくみのかみ》は、京都から天皇《てんのう》の使いとしてやってくる勅使《ちょくし》の接待《せったい》役を担当《たんとう》していたのですが、接待指導《せったいしどう》係の上野介《こうずけのすけ》への賄賂《わいろ》が少なかったから、ちゃんと教えてもらえず恥《はじ》をかかされて怒《おこ》った、などの説があります。

地方の大名が江戸《えど》にいるということは、参勤《さんきん》交代で江戸《えど》にいるさなかの出来事《できごと》。

藩主《はんしゅ》が江戸《えど》にいるあいだ播磨国《はりまのくに》で留守番《るすばん》をしながら赤穂藩《あこうはん》の政《まつりごと》をおこなっていた国家老《くにがろう》の大石内蔵助良雄《おおいしくらのすけよしお》は、御家再興《おいえさいこう》を幕府《ばくふ》に訴《うった》えますが、許《ゆる》してもらえません。

そこでやけっぱちな行動に出ます。

上野介《こうずけのすけ》を討《う》って藩主浅野内匠頭《はんしゅあさのたくみのかみ》のうらみを晴らす!

言いわけはいろいろあるでしょうが、**わかりやすくいうと敵討《かたきう》ち**、復讐《ふくしゅう》です。

一年半後の元禄《げんろく》一五年一二月一四日(一七〇三年一月三〇日)夜。正しくは一五日未明。

その日は雪が降《ふ》り積《つ》もっていました。

浪人《ろうにん》となってしまった赤穂藩《あこうはん》の家臣、赤穂浪士《あこうろうし》のうちの四七人(「四十七士」とよばれます。うちひとりは連絡《れんらく》係、または生き証人《しょうにん》になるため脱走《だっそう》していたので、正しくは四十六士）が、江戸《えど》にある吉良邸《きらてい》に押《お》し入《い》って、上野介《こうずけのすけ》を斬《き》り、復讐《ふくしゅう》を果たすのです。

斬《き》った四十六士は列をなし、泉岳寺《せんがくじ》にある内匠頭《たくみのかみ》の墓前《ぼぜん》に上野介《こうずけのすけ》の首をささげると、幕府《ばくふ》の命令で切腹《せっぷく》します。

三月一四日の事件《じけん》が「松之廊下刃傷事件《まつのろうかにんじょうじけん》」、一二月一四日の事件《じけん》が「吉良邸討《きらていう》ち入《い》り事件《じけん》」です。

吉良邸討《きらていう》ち入《い》り事件《じけん》から四五年後の寛延《かんえん》元年（一七四八）に、ふたつの事件《じけん》をネタにした人形浄瑠璃《じょうるり》『仮名手本忠臣蔵《かなでほんちゅうしんぐら》』が上演《じょうえん》され、以後、歌舞伎《かぶき》にもなり、日本じゅうに広まり、ふたつの事件《じけん》は「忠臣蔵《ちゅうしんぐら》」とよばれるようになったのです。

日本人は判官贔屓《ほうがんびいき》が大好きです。なので――。

1 **浅野内匠頭《あさのたくみのかみ》＝善人《ぜんにん》。**

2 **吉良上野介《きらこうずけのすけ》＝悪人。**

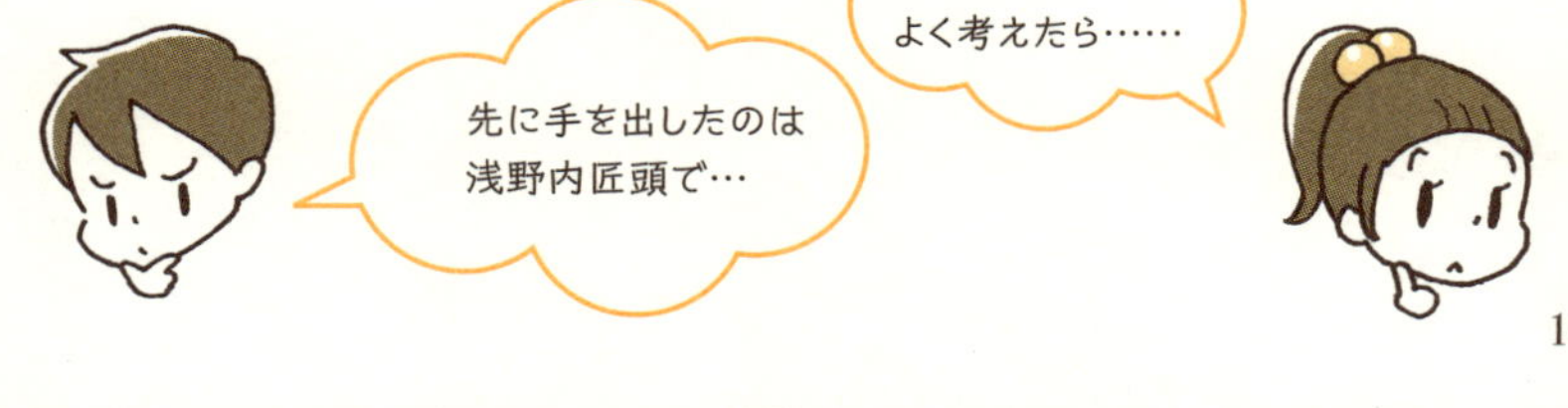
でも、
よく考えたら……
先に手を出したのは
浅野内匠頭で…

という図式ができあがってしまいました。

嫌《きら》われる男だった？

じつは、吉良上野介《きらこうずけのすけ》が斬《き》りかかられたのは、いちどではありませんでした。

これはこれで、びっくりですよね！

浅野内匠頭《あさのたくみのかみ》と同じく勅使接待役《ちょくしせったい》の指導《しどう》を受けていた石見国《いわみのくに》（島根県）津和野藩主《つわのはんしゅ》の亀井茲親《かめいこれちか》も上野介《こうずけのすけ》につらくあたられたため、「吉良上野介《きらこうずけのすけ》を斬《き》ってやる」と江戸《えど》家老（藩主《はんしゅ》が国元に帰っているあいだ江戸《えど》の藩邸《はんてい》を守っている家老）に打ち明けたら「どうぞおやりなさい」と。

でも決行当日にかぎって、上野介《こうずけのすけ》のきげんがいいものだから斬《き》りつけるタイミングを失ってしまうのです。

じつは、相談された江戸《えど》家老が吉良《きら》に賄賂《わいろ》を贈《おく》っていたというオチがついているんですけどね。

この話、蜀山人《しょくさんじん》こと大田南畝《おおたなんぽ》がコレクションしたうわさ話だけど、元ネタになった本は、『仮名手本忠臣蔵《かなでほんちゅうしんぐら》』が上演《じょうえん》されたあとに書かれたものなので、上野介《こうずけのすけ》の悪評《あくひょう》を広めるために書かれた創作《そうさく》の可能性《かのうせい》が高いそうです。

うーん、それはそれで残念。

上野介《こうずけのすけ》の立場は将軍《しょうぐん》お目見えを許《ゆる》されていた旗本《はたもと》で、役職《やくしょく》は「高家《こうけ》」でした。

高家とは、勅使接待《ちょくしせったい》などの儀礼《ぎれい》を大名に教える専門職《せんもんしょく》でした。

でも、その役目はいつもあるわけではないので、ふだんは、老中の登城《とじょう》および退《たい》出《しゅつ》を送迎《そうげい》する、いわば重役室付きの秘書官《ひしょかん》のような立場でした。

けっこう高い役職《やくしょく》だったとわかります。

上野介《こうずけのすけ》は、勅使接待《ちょくしせったい》のときには担当《たんとう》になった大名に、きちんと教えようとしただけだったのでしょう。

上野介《こうずけのすけ》にすれば、自分の仕事をしていただけだったのかもしれません。

でも、ちょっときびしくて、パワハラと思われたのかもしれません。

いい領主《りょうしゅ》だった！

吉良上野介《きらこうずけのすけ》は『仮名手本忠臣蔵《かなでほんちゅうしんぐら》』の影響《えいきょう》でずっと「悪役」とされてきました。

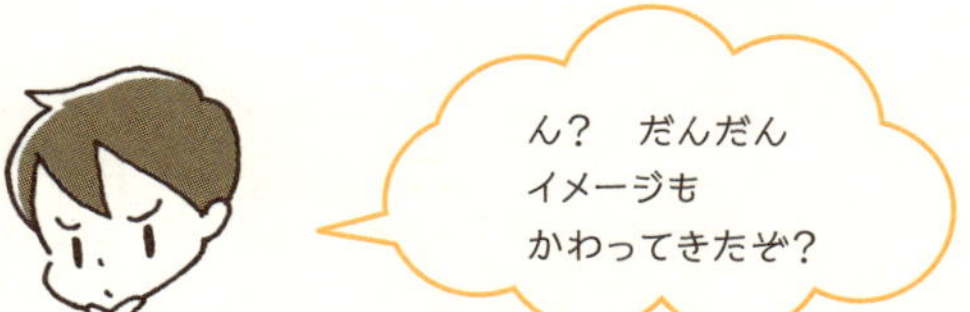

でも領国《りょうごく》だった三河国《みかわのくに》(愛知県)の吉良《きら》での評価《ひょうか》は、まったくちがっています。

旧吉良町《きゅうきらちょう》が編入《へんにゅう》された愛知県西尾市《にしおし》観光協会の平成三十年(二〇一八)七月現在のホームページを見ると、吉良上野介《きらこうずけのすけ》について、こう書かれています。

「『忠臣蔵《ちゅうしんぐら》』の仇役《かたきやく》、義央公《よしひさこう》は地元では数々の善政《ぜんせい》を敷《し》き今でも名君と慕《した》われています」

さらに「黄金堤《こがねづつみ》」の説明に、こう書かれています。

「言い伝えによると、当時この辺《あた》りの村は大水のたびに被害《ひがい》に苦しんでいました。義央《よしひさ》公は水害から領地《りょうち》を守るため、領民《りょうみん》とともに長さ約一八〇メートル、高さ約四メートルの堤防《ていぼう》を一夜で築《きず》いたといわれます。その後は水害がなくなり、良田となったことから、人々はこれを『黄金堤《こがねづつみ》』と呼《よ》んで遺徳《いとく》をたたえました」

『仮名手本忠臣蔵《かなでほんちゅうしんぐら》』で描《えが》かれた吉良上野介《きらこうずけのすけ》とは真逆《まぎゃく》! 正反対!

人の評価《ひょうか》というものは、評価《ひょうか》する人の立場によって、まったくちがってくるものだ

ということがよくわかりますよね。

エピソード

16

沖田総司《おきたそうじ》はどんな顔だった？

新選組《しんせんぐみ》ってなに？

本書を手にしてくれているみなさんなら「新選組《しんせんぐみ》」の名前は聞いたことがあるかもしれません。

もし知らない人がいたらいけないので、新《しん》選組《せんぐみ》がどんな組織《そしき》だったか、クスノキが簡単《かんたん》に説明しておきますね。

新選組《しんせんぐみ》とは、なんなのか！

ときは幕末《ばくまつ》。

文久《ぶんきゅう》三年（一八六三）正月に、将軍徳川家茂《しょうぐんとくがわいえもち》が京都に上洛《じょうらく》するにあたって警護《けいご》のためにつくられた「浪士組《ろうしぐみ》」にはじまる集団《しゅうだん》でした。

なかには武士《ぶし》もいましたが、メインになったのは多摩《たま》地方の農民や商人たちでした。

ところが上洛《じょうらく》してから仲間割《なかまわ》れ。

幕府《ばくふ》の重職《じゅうしょく》、京都守護職《しゅごしょく》をつとめる会津藩主松平容保《あいづはんしゅまつだいらかたもり》のもとで、新たに「**新選組**《しんせんぐみ》」を名乗るようになります。

仕事は、京都市街を警備《けいび》しながら、当時、たむろしていた尊王攘夷《そんのうじょうい》をとなえる者たちを弾圧《だんあつ》すること。

京都には、ほかに江戸幕府《えどばくふ》の家臣たちの組織《そしき》「**京都見廻役**《きょうとみまわりやく》」がありました。

仕事が重複《ちょうふく》しているので、新選組の隊士たちはライバル視《し》していましたが、京都見《きょうとみ》廻役《まわりやく》のほうは新選組《しんせんぐみ》を「素人集団《しろうとしゅうだん》」と馬鹿《ばか》にしていたようです。

でも元治《げんじ》元年（一八六四）六月、テロ準備《じゅんび》をしている長州藩士《はんし》らを襲《おそ》った**池田屋事**《いけだやじ》

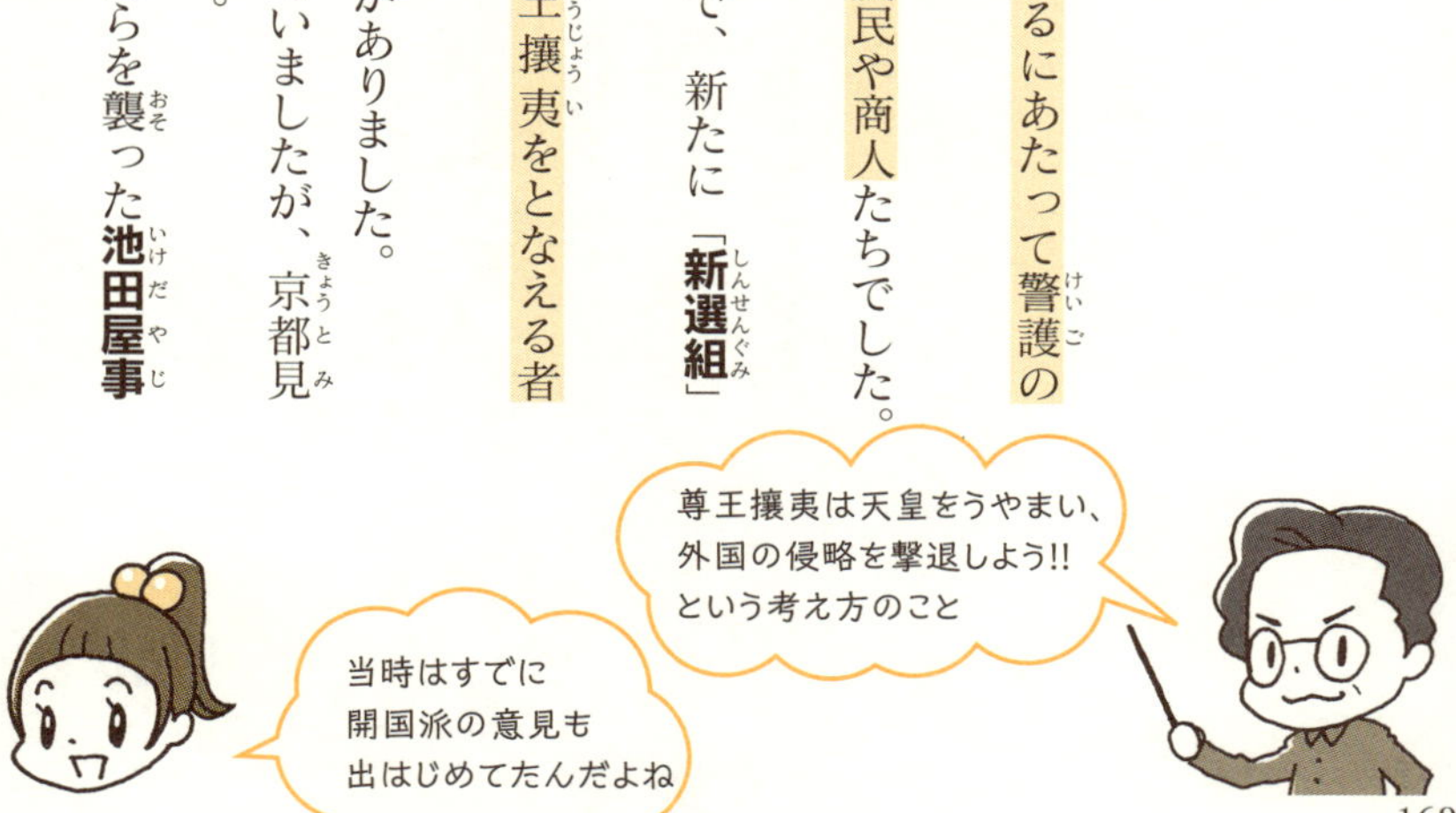
尊王攘夷は天皇をうやまい、
外国の侵略を撃退しよう!!
という考え方のこと
当時はすでに
開国派の意見も
出はじめてたんだよね

件《けん》で新選組《しんせんぐみ》は一躍《いちやく》有名になり、京都の人たちは「浅黄色《あさぎいろ》のダンダラ模様《もよう》」の羽織姿《はおりすがた》の隊士たちを見ると、恐《おそ》れおののくようになりました。

人気三人衆《しゅう》の顔

新選組《しんせんぐみ》のなかでも人気が高い三人について、データを出しておきますね。

1　**局長　近藤勇《こんどういさみ》**

魅力《みりょく》1＝リーダーらしくどっしりとかまえているところ。

魅力《みりょく》2＝なのに一発芸で握《にぎ》り拳《こぶし》を口に入れるお茶目な一面もあるところ。

2　**副長　土方歳三《ひじかたとしぞう》**

魅力《みりょく》1＝近藤勇《こんどういさみ》の女房役《にょうぼうやく》。怖《こわ》いくらい厳《きび》しい。あえて嫌《きら》われ役を演《えん》じたところ。

魅力《みりょく》2＝やさしそうなイケメン。

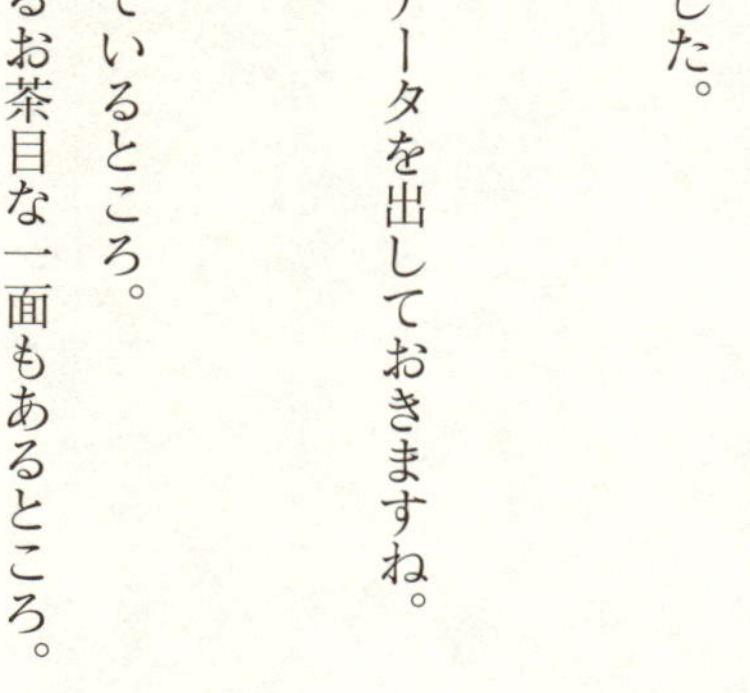

3
一番隊組長　沖田総司《おきたそうじ》
魅力《みりょく》1＝剣《けん》の腕《うで》がすぐれている。
魅力《みりょく》2＝若《わか》いイケメン（とされている）。

土方歳三《としぞう》と沖田総司《おきたそうじ》は「イケメン」と書きましたが、三人はどんな顔をしていたのでしょうか。
残されている写真について見ていこうと思います。

1
近藤勇《こんどういさみ》
まげを結い、羽織袴姿《はおりはかますがた》で正装《せいそう》し、ひざ頭を少し開いて正座《せいざ》。顔はとてもいかつい。細い目でにらまれたらビビってしまいそう。いかにもリーダーってかんじ。
撮影《さつえい》時期と撮影《さつえい》場所は不明。

2
土方歳三《ひじかたとしぞう》
まげのない総髪《そうはつ》で、西洋風の軍装《ぐんそう》で椅子《いす》にすわっている。すその長いだぼだぼの上

近藤　勇

土方歳三

着、ズボンにブーツ姿《すがた》。なぜか腰《こし》には刀。その顔は現代風《げんだいふう》のイケメン。

撮影《さつえい》時期は、おそらく鳥羽・伏見《ふしみ》の戦いのあと。撮影《さつえい》場所は横浜《よこはま》か江戸《えど》。

3 **沖田総司《おきたそうじ》**

写真なし。

沖田総司《おきたそうじ》とされる写真はありますが、まちがいないとされる写真は一枚《まい》も残されていません。

沖田総司《おきたそうじ》の顔についての証言《しょうげん》

沖田総司《おきたそうじ》の顔写真があるのか、ないのか、いま、ここで考えても仕方がありませんから、彼《かれ》がどんな顔だったのか、文章で残されてはいないでしょうか。

じつは、書かれているのです。

書いたのは、子母澤寛《しもざわかん》。

昭和時代に活躍《かつやく》した小説家です。とくに時代小説を得意としました。

とくに『新選組始末記《しんせんぐみ》』『新選組遺聞《しんせんぐみいぶん》』『新選組物語《しんせんぐみ》』の三冊《さつ》は「新選組《しんせんぐみ》三部作」と

いわれ、新選組《しんせんぐみ》研究の古典とされています。

史料、関係者の遺族《いぞく》への取材をもとに書かれていますが、どこまでが史実で、どこからが創作《そうさく》かの線引きをするのが、むずかしいところもあります。

「新選組《しんせんぐみ》三部作」のなかの一冊《さつ》、『新選組遺聞《しんせんぐみいぶん》』に、新選組《しんせんぐみ》が屯所《とんしょ》（駐在所《ちゅうざいしょ》）にしていた京都の壬生村《みぶむら》の八木邸《てい》の子供《こども》だった為三郎《ためさぶろう》の証言《しょうげん》「八木為三郎《ためさぶろう》壬生《みぶ》ばなし」が載《の》っています。

いま残されている沖田総司《おきたそうじ》に関する資料《しりょう》のなかでは信用がおけそうなので、ここに証言《しょうげん》しておきます。

為三郎《ためさぶろう》は、沖田総司《おきたそうじ》について、いくつか証言《しょうげん》しています。

「丈《たけ》の高い痩《や》せた人物、肩《かた》がぐっと上り気味に張《は》って、頰骨《ほおぼね》が高く、口が大きく、色は黒かったけれども、何処《どこ》かこう、いうに云《い》われぬ愛嬌《あいきょう》があった」

この証言《しょうげん》を信じるかぎり、沖田総司《おきたそうじ》はけっしてイケメンではありません。

為三郎《ためさぶろう》は、ほかにも、こんなことを言い残しています。

「よく笑談《じょうだん》をいっていて殆《ほとん》ど真面目《まじめ》になっている事《こと》はな」く、「近所の子守《こもり》や、私達《わたしたち》のような子供《こども》を相手に、往来《おうらい》で鬼《おに》ごっこをやったり、壬生寺《みぶでら》の境内《けいだい》を駆《か》け廻《まわ》ったりして遊」んでやっていた。

イケメンじゃないけど、笑顔《えがお》がすてきな子供《こども》好きの青年ってことだったらしいです。

いつ美男子にされたのか

イケメンじゃなかったのに、どうして、わたしたちは沖田総司《おきたそうじ》がイケメンだと思うようになったのでしょうか。

おそらく、こうだろうと想像《そうぞう》できます。

1　沖田総司《おきたそうじ》の病気

沖田総司《おきたそうじ》は、以前は「不治の病」とされていた結核《けっかく》という病気でした。

空気感染《かんせん》する結核菌《けっかくきん》は、ひどくなると血を吐《は》きます。沖田総司《おきたそうじ》は池田屋事件《いけだやじけん》のとき

い、イケメンじゃない
なんて……
知りたくなかった……

も血を吐《は》いたとされています。現場《げんば》にいた、ほかの隊士の証言《しょうげん》では、昏倒《こんとう》しただけで血を吐《は》いたとは言っていませんけどね。

この結核《けっかく》という病気が、「薄幸《はっこう》の青年」というイメージを作りました。

2 薄幸《はっこう》の青年

薄幸《はっこう》の青年は、やはり、やせていて、色白で、イケメンであってほしいという、日本人の勝手な希望がでてきます。

3 演《えん》じた俳優《はいゆう》たち

あまり古いと、みなさんのおじいさんやおばあさんも知らないかもしれませんから、比較的最近の俳優《はいゆう》さんたちから選んでみます。

映画《えいが》——北大路欣也《きたおおじきんや》さん、草刈正雄《くさかりまさお》さん、牧瀬里穂《まきせりほ》さん（沖田総司《おきたそうじ》が女性《じょせい》だったという設定《せってい》）、武田真治《たけだしんじ》さん、原田 龍二《りゅうじ》さん、大沢樹生《おおさわみきお》さんなどなど。

テレビ——島田順司さん、草刈正雄《くさかりまさお》さん、郷《ごう》ひろみさん、田原俊彦《としひこ》さん、東山紀之《のりゆき》さん、野村宏伸さん、藤原竜也《ふじわらたつや》さんなどなど。

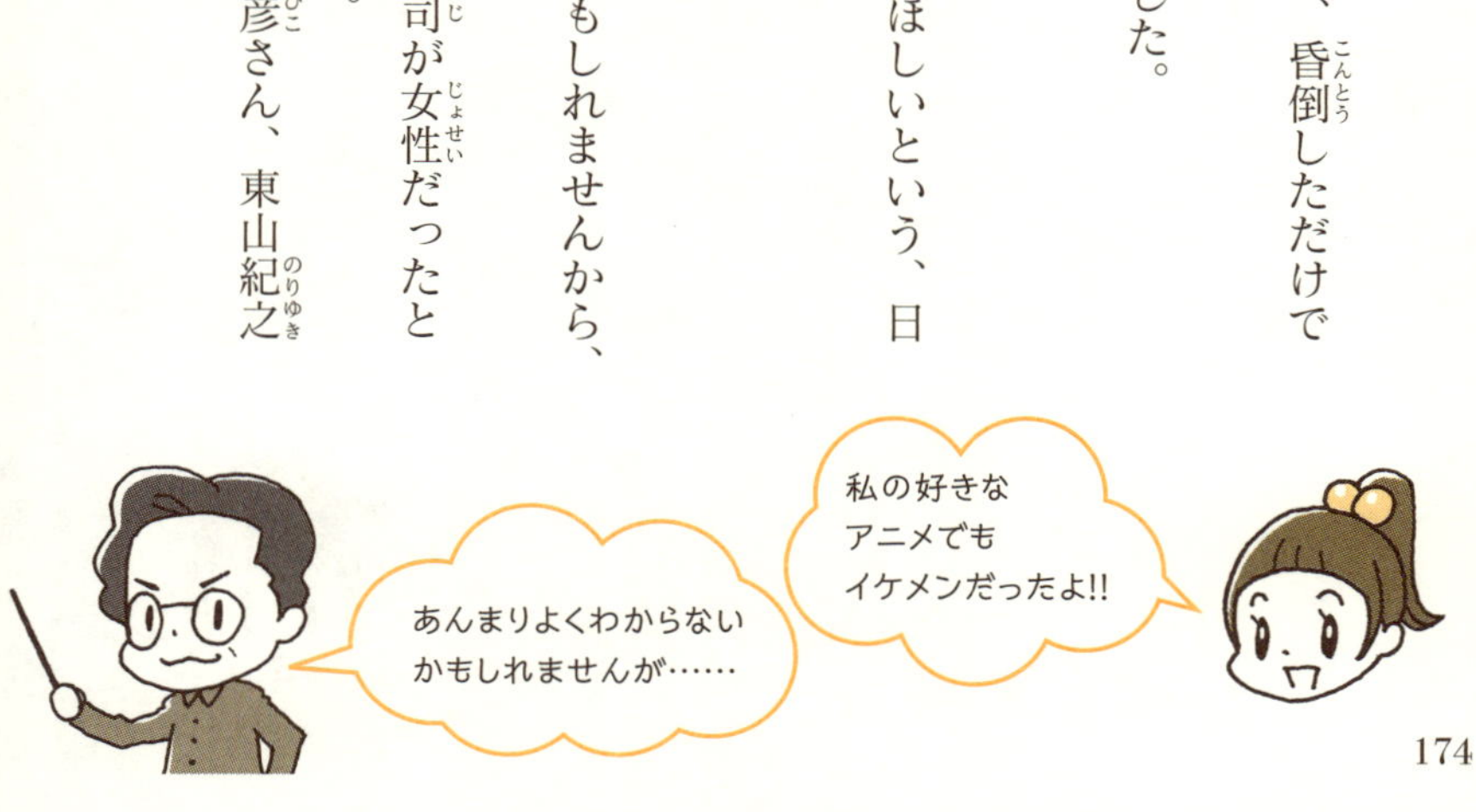
あんまりよくわからないかもしれませんが……
私の好きなアニメでもイケメンだったよ!!

沖田総司《おきたそうじ》を演《えん》じるのは、けっしてブサイクな俳優《はいゆう》ではなく、イケメンばかり。病気からくる「薄幸《はっこう》の青年」のイメージよりも、やはり演《えん》じてきた俳優《はいゆう》たちの影《えい》響《きょう》が大きいといえます。

そういう意味では、映画《えいが》やドラマが、日本人に「沖田総司《おきたそうじ》はイケメンだ」というイメージを植えつけてしまったのでしょう。

もし本人が聞いたら、びっくりするかもしれません。

エピソード

17

坂本《さかもと》龍馬《りょうま》はだれに殺された?

坂本龍馬《りょうま》はなぜ重要か

「日本史上の人物でいちばん好きな人物はだれですか?」

こんなアンケートをとったら、トップ5、いやいや織田信長《おだのぶなが》と並《なら》んでトップを争う人物ではないかと思うのが坂本龍馬《りょうま》です。

名前は知っていても、なにをした人物かわからない人がいるといけないので、大事なことを二言で説明します。

1 仲の悪かった薩摩藩《さつまはん》と長州藩《はん》に同盟《どうめい》を結ばせて江戸幕府《えどばくふ》を倒《たお》すのを早めた人です。

2 「船中八策《せんちゅうはっさく》」という、新政府《せいふ》の基本《きほん》となる政策《せいさく》を作って、かつて自分が所属《しょぞく》していた土佐藩《とさはん》にわたし、それが大政奉還《たいせいほうかん》につながりました。

勝海舟《かつかいしゅう》に弟子入りして国際《こくさい》感覚を身につけたり、海軍操練所《そうれんじょ》設立《せつりつ》に関わったり、私《し》設《せつ》海軍兼《けん》商社「亀山社中《かめやましゃちゅう》」のち「海援隊《かいえんたい》」を築《きず》いたことは二の次、三の次でOK。

龍馬《りょうま》は、江戸幕府《えどばくふ》を倒《たお》すのを早めるほどの活躍《かつやく》を見せたことで「邪魔《じゃま》だ」「目ざわりだ」と思われたのでしょう。何者かに暗殺されてしまいます。

同じ人気者の織田信長《おだのぶなが》の場合は、手を下したのは明智光秀《あけちみつひで》と決まっています。

でも龍馬《りょうま》の場合は、だれか手を下したのか、実行犯《はん》すらわかっていないのです。

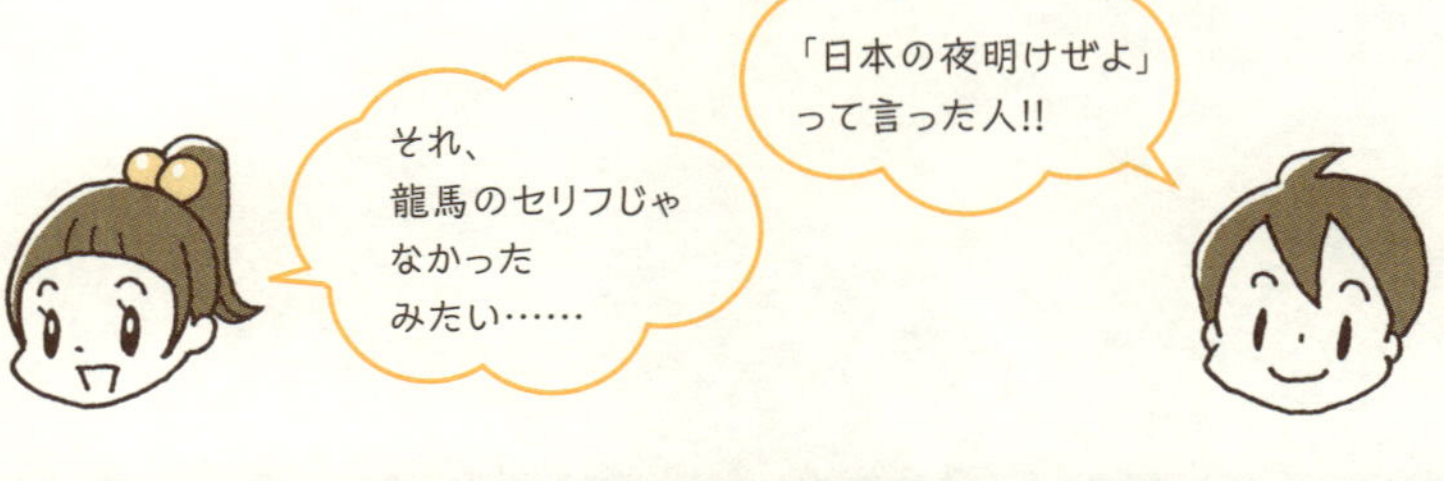
「日本の夜明けぜよ」って言った人!!
それ、龍馬のセリフじゃなかったみたい……

なぜ「近江屋《おうみや》」にいたのか

薩長同盟《さっちょうどうめい》ができたことは、江戸幕府《えどばくふ》にとっては脅威《きょうい》だったのでしょう。「よけいなことをしやがって！」と江戸幕府《えどばくふ》は龍馬《りょうま》を指名手配にしました。

だから龍馬《りょうま》はつかまらないように、逃《に》げつづけなければならなくなりました。でも討幕《とうばく》運動は中止しませんでした。

暗殺される直前、龍馬《りょうま》は京都の三条通《さんじょうどお》りと四条通《しじょうどお》りにはさまれた、蛸薬師《たこやくし》下ル、河原町《かわらまち》の土佐藩邸《とさはんてい》のすぐそばの醤油《しょうゆ》屋「近江屋《おうみや》」の井口新助宅《いぐちしんすけたく》でかくまってもらっていたのです。

表向きは、「坂本龍馬《りょうま》」ではなく、「才谷梅太郎《さいたにうめたろう》」の変名を使ってです。もちろん主人の新助はすべて承知《しょうち》のうえです。

はじめは裏庭《うらにわ》の土蔵《どぞう》のなかに隠《かく》れていましたが、かぜをひいてしまったことと、便所が遠いという理由で、母屋《おもや》の二階に移《うつ》っていました。身の回りの世話は、元力士の山田藤吉《とうきち》が見ていました。

近江屋《おうみや》事件《じけん》のおさらい

かぜをひいて着ぶくれした格好《かっこう》で、背中《せなか》を丸めて火鉢《ひばち》にあたっている龍馬《りょうま》のところに、同じく土佐《とさ》を脱藩《だっぱん》した仲間で、陸援隊《りくえんたい》をつくった中岡慎太郎《なかおかしんたろう》が訪《たず》ねてきたのは慶《けい》応《おう》三年（一八六七）一一月一五日午後五〜六時ごろのことでした。

話をしていると、午後七時ごろ、河原町《かわらまち》四条《しじょう》上ル東側にある書店「菊屋《きくや》」の小僧《こぞう》峰吉《みねきち》が、中岡《なかおか》への伝言を持ってたずねてきました。もちろん龍馬《りょうま》もかわいがっている小僧《こぞう》さんです。

しばらくすると、土佐藩士《とさはんし》の岡本健三郎《おかもとけんざぶろう》がたずねてきて雑談《ざつだん》に加わったので、午後八時ごろ、龍馬《りょうま》は峰吉《みねきち》に命じます。

「腹《はら》が減《へ》った。軍鶏《しゃも》を買ってこい」

ですが岡本《おかもと》は遠慮《えんりょ》し、峰吉《みねきち》といっしょに「近江屋《おうみや》」を出ていきました。

ふたりが出て行って間もなく、「近江屋《おうみや》」の店先にひとりの武士《ぶし》が姿《すがた》を見せます。藤吉《とうきち》に大きな名札を差し出しました。

「拙者《せっしゃ》は松代《まつしろ》（十津川《とつかわ》とも）郷士《ごうし》だが、才谷《さいたに》先生にお目にかかりたい、ご在宅《ざいたく》か」

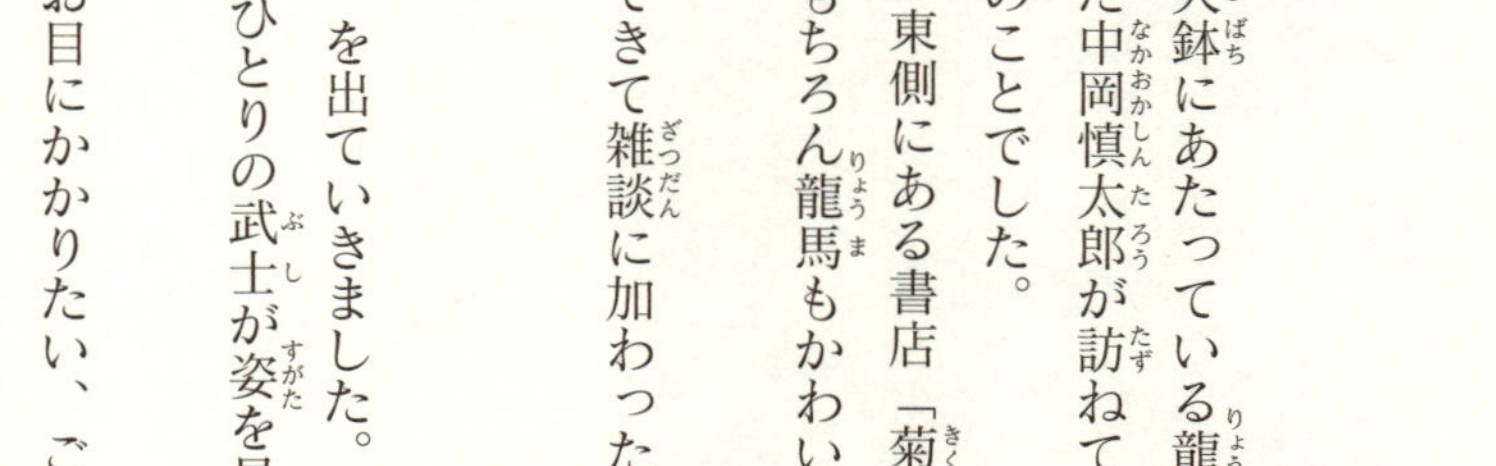
なんかドキドキする
これから事件が
おこるんだね

「少々お待ちください」

二階に上がっていく藤吉《とうきち》の様子から、二階に龍馬《りょうま》がいると判断《はんだん》した男につづいて、複数《ふくすう》の男たちがなだれこんできました。階段《かいだん》を上がりきったところで、藤吉《とうきち》をうしろからバッサリ。

龍馬《りょうま》を斬《き》るためにやってきた刺客《しかく》たちでした。

「ほたえな！」

しかったのは龍馬《りょうま》でした。

「ほたえな」とは土佐《とさ》の方言で「さわぐな」の意味です。

藤吉《とうきち》を斬《き》った刺客《しかく》は、刀を鞘《さや》におさめて、何食わぬ顔で龍馬《りょうま》のいる部屋に入ります。

火鉢《ひばち》をかこんで、ふたりの男が話しこんでいます。ですが、写真が出回る時代ではありませんから、どちらが龍馬《りょうま》か、わかりません。

「坂本先生、ごぶさたしています」

刺客《しかく》が、どちらへともなく頭を下げると、「どなたでしたかな」と龍馬《りょうま》が首をかしげます。

「コナクソ！」

そう叫《さけ》びながら、刺客《しかく》は龍馬《りょうま》の額《ひたい》に斬《き》りつけました。

おどろいて刀をとろうとした中岡《なかおか》も背中《せなか》から斬《き》られました。

龍馬《りょうま》は、床《とこ》の間《ま》にかけてあった刀をとろうとして背中《せなか》を向けたところを斬《き》られ、振《ふ》り向きざま鞘《さや》で防《ふせ》ごうとしますが、真っ向から振《ふ》り下《お》ろされて致命傷《ちめいしょう》を負ってしまいます。

背中《せなか》を斬《き》られた中岡《なかおか》は短いほうの刀で防《ふせ》ごうとしますが、その前にメッタ斬《ぎ》りにされます。

ひとりが「もうよい、もうよい」と言って、刺客《しかく》たちは出ていきました。

刺客《しかく》たちの姿《すがた》が消えると、倒《たお》れていた龍馬《りょうま》が刀で体を支《ささ》えて立ち上がり、中岡《なかおか》に「しっしりしろ」と声をかけ、一階にいる主人に向かって叫《さけ》びました。

「新助、医者を呼《よ》べ」

部屋にもどった龍馬《りょうま》は、中岡《なかおか》に声をかけます。

「わしはだめだ。脳《のう》をやられた」

龍馬《りょうま》はドッと倒《たお》れると、「刀はないか、刀はないか」とつぶやきながら、動かなくなりました。

中岡《なかおか》は助けを求めようと物干《ものほ》し場《ば》に出て、倒《たお》れこみます。
龍馬《りょうま》は即死《そくし》に近かったですが、藤吉《とうきち》は翌日《よくじつ》、中岡《なかおか》は翌々日《よくよくじつ》に亡《な》くなりました。

証言《しょうげん》と証拠品《しょうこひん》

軍鶏《しゃも》を買って帰ってきた峰吉《みねきち》の証言《しょうげん》。

「帰ってきたら、土間の戸口が開いていました。玄関《げんかん》には見なれない下駄《げた》がありました。土間にひとりの男が刀をぬいたまま立っていました。その島田庄作《しまだしょうさく》さん（土佐《とさ》藩《はん》の元足軽）が『坂本龍馬《りょうま》がやられた。賊《ぞく》はまだ二階にいる。下りてきたら、ここで斬《き》るつもりだ』と言いました。信じられませんでしたが、階段《かいだん》をあがると、藤吉《とうきち》さんがたおれていて、二階には坂本先生がたおれていて、現場《げんば》には見なれない蠟鞘《ろうざや》が一本落ちていました。物干《ものほ》し場《ば》から隣家《りんか》の屋根の上にかけて中岡《なかおか》先生がたおれていました。そこで井口《いぐち》新助さんと家族をよんで、中岡《なかおか》先生を屋内に運び入れました。中岡《なかおか》先生は死んでいなくて、新助さんに『やきめしをくれ』と言って食べていました。さらに近くの土佐藩邸《とさはんてい》から藩士《はんし》がかけつけてきて、中岡《なかおか》先生の手当てをしていました。だれかが『陸援隊詰所《りくえんたいつめしょ》に知らせるべきだ』と言うので、わたしが馬を走らせました」

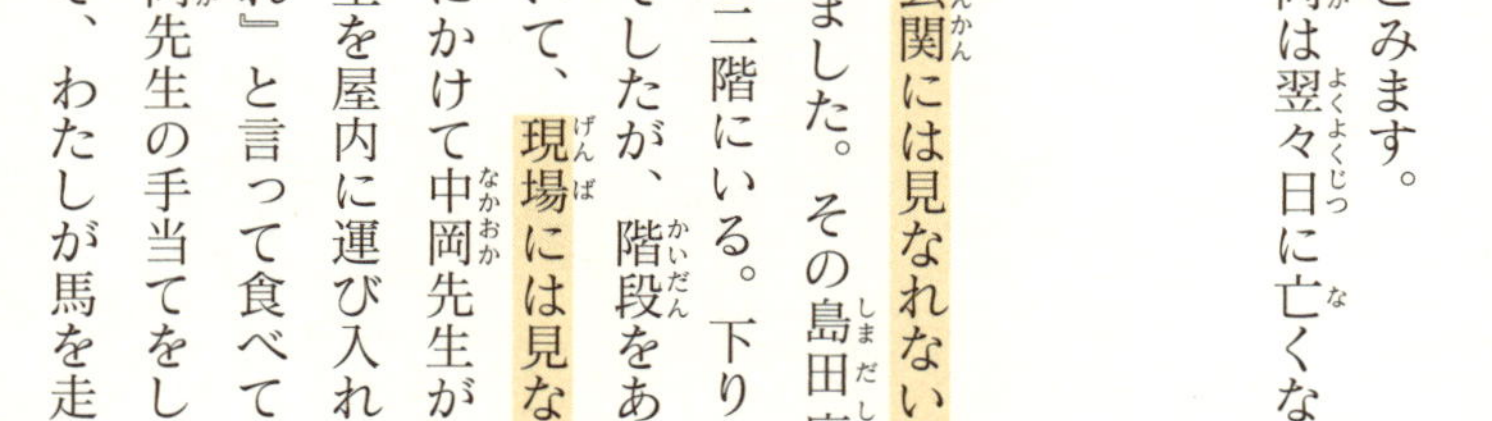
ろうざやは、
かんたんに言うと
刀の部品のことだね
犯人は誰なの!?

現場《げんば》の様子を語った中岡《なかおか》と峰吉《みねきち》の証言《しょうげん》のなかに、いくつかの証拠品《しょうこひん》が登場します。

1 コナクソ

伊予国《いよのくに》（愛媛県《えひめけん》）の方言で、「この野郎《やろう》」という意味。伊予国《いよのくに》松山出身で新選組《しんせんぐみ》十番隊隊長の原田左之助《はらださのすけ》の名前が挙がりました。

2 下駄《げた》

下駄《げた》には「瓢亭《ひさごてい》」の焼き印がありました。先斗町《ぽんとちょう》の料亭《りょうてい》のもので、事件《じけん》の前夜、新選組に下駄《げた》を貸《か》したという証言《しょうげん》がとれます。

3 蠟鞘《ろうざや》

現場《げんば》に落ちていた蠟鞘《ろうざや》を見た、新選組から離反《りはん》した高台寺党《こうだいじとう》の伊東甲子太郎《いとうかしたろう》が「原田左之助《さのすけ》のものだ」と証言《しょうげん》しました。

実行犯《じっこうはん》は新選組《しんせんぐみ》? 京都見廻組《みまわりぐみ》?

これらの証言《しょうげん》と証拠《しょうこ》からうわさが立ち、しばらくは、だれもが新選組《しんせんぐみ》が実行犯《じっこうはん》だと思いこんでいました。

戊辰《ぼしん》戦争のさなか、つかまった新選組《しんせんぐみ》局長の近藤勇《こんどういさみ》が「龍馬《りょうま》暗殺を自供《じきょう》せよ！」と責《せ》められたという話も残っています。

ところが、その戊辰《ぼしん》戦争のあと、かつて京都《きょうと》見廻組《みまわりぐみ》にいた今井信郎《いまいのぶお》が「われわれ京都見廻組《みまわりぐみ》が龍馬《りょうま》を暗殺した」と自供したことで、それ以降《いこう》、実行犯《はん》＝京都見廻組《みまわりぐみ》説が通説となりました。

新選組《しんせんぐみ》は京都守護職《しゅごしょく》松平容保《かたもり》（会津藩主《あいづはんしゅ》）の配下。

京都見廻組《みまわりぐみ》は江戸幕府《えどばくふ》の組織《そしき》。

どちらも坂本龍馬《りょうま》をつかまえようとしていた江戸幕府《えどばくふ》サイドですから、動機はあります。

ですが、今井《いまい》の証言《しょうげん》も、ほかの京都見廻組《みまわりぐみ》の者の証言《しょうげん》も、峰吉《みねきち》の証言《しょうげん》と食いちがっているのです。

京都見廻組《みまわりぐみ》説を信じる人は「峰吉《みねきち》の記憶《きおく》ちがい」と言い、峰吉《みねきち》の証言《しょうげん》を信じる人は「今井信郎《いまいのぶお》のスタンドプレー」ではないかと言うのです。つまり「坂本龍馬《りょうま》を暗殺したヒーローになりたかったのではないか」と。

ほかにも、「近江屋《おうみや》」の者が「薩摩弁《さつまべん》」を耳にしたと証言《しょうげん》していることから、薩摩《さつま》

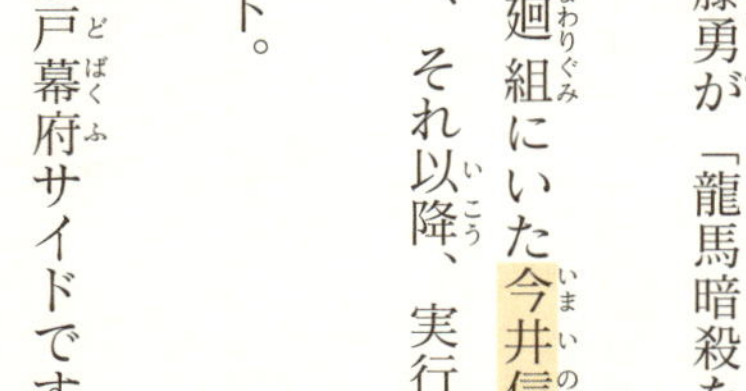

人が実行犯《はん》だという説もあるのです。

黒幕《くろまく》がいた⁉

織田信長《おだのぶなが》が暗殺された本能寺《ほんのうじ》の変のときのように、坂本龍馬《りょうま》暗殺のかげに「黒幕《くろまく》がいた」と言われつづけています。

「新選組がやった」「京都見廻組《みまわりぐみ》がやった」では納得《なっとく》できず、「大きな力がはたらいていた」と思いたいわけです。

なぜか？　そのほうがおもしろいから。

1　幕府《ばくふ》説

これは、すでにお話ししてきたとおりですね。黒幕《くろまく》という意外性《せい》がない。

2　朝廷《ちょうてい》説

もっと具体的にいうと、岩倉具視《ともみ》です。薩摩藩《さつまはん》の大久保利通《おおくぼとしみち》と手を組んで大政奉還《たいせいほうかん》を演出《えんしゅつ》していた岩倉にとって、これから必要なのは薩摩藩《さつまはん》と長州藩《はん》で、薩長同盟《さっちょうどうめい》を成立させた龍馬《りょうま》はすでに過去《かこ》の人で、邪魔《じゃま》な存在《そんざい》だったとする説です。

3 薩摩藩《さつまはん》説

動機は岩倉とほぼ同じ。あとはわれわれが幕府《ばくふ》をたおすから、龍馬《りょうま》は消えてくれ、と。もし薩摩藩《さつまはん》が黒幕《くろまく》の場合は、実行犯《はん》も薩摩藩《さつまはん》だった可能性《かのうせい》が出てきます。

4 朝廷《ちょうてい》＋薩摩藩《さつまはん》説

平成十六年（二〇〇四）のＮＨＫ大河《たいが》ドラマ『新選組《しんせんぐみ》！』（脚本《きゃくほん》 三谷幸喜《みたにこうき》）では、龍馬《りょうま》が目ざわりだった岩倉具視《ともみ》が、大久保利通《おおくぼとしみち》らにひとり言のように「龍馬《りょうま》をなんとかしたほうがええ」ともらす。これを聞いた大久保《おおくぼ》らは「龍馬《りょうま》を暗殺しろ」と受け止めます。ですが、みずから刺客《しかく》を放つことはせず、龍馬《りょうま》が「近江屋《おうみや》」にいることを京都見廻組《みまわりぐみ》にそれとなくもらすのです。京都見廻組《みまわりぐみ》が龍馬《りょうま》暗殺を実行した直後、新《しん》選組《せんぐみ》の近藤勇《こんどういさみ》から「龍馬《りょうま》があぶない」と言われた原田左之助《さのすけ》が「近江屋《おうみや》」で現場《げんば》を目《もく》撃《げき》。あわてて証拠品《しょうこひん》を残してきてしまう……という内容《ないよう》でした。

以上の説をうまく取り入れたものになっていました。

5 紀伊藩《きいはん》説

「近江屋事件《おうみやじけん》」が起きる半年前の慶応《けいおう》三年（一八六七）四月、海援隊《かいえんたい》が操縦《そうじゅう》する「いろは丸」（伊予国大洲藩《いよのくにおおずはん》所有）と紀伊藩《きいはん》の軍艦《ぐんかん》「明光丸《めいこうまる》」が瀬戸内海《せとないかい》で衝突《しょうとつ》する事件《じけん》が起きました。多額《たがく》の賠償金《ばいしょうきん》を払《はら》うことをおもしろくないと思った紀伊藩士《きいはんし》のひとりが新選組《しんせんぐみ》を刺客《しかく》にして龍馬《りょうま》を襲《おそ》わせたという説です。

6 土佐藩《とさはん》説

龍馬《りょうま》の出身地である土佐藩《とさはん》がなぜ？　その動機は、龍馬《りょうま》の動きが目立ちすぎて、邪魔《じゃま》だったから。

事件《じけん》直前にやってきた岡本健三郎《おかもとけんざぶろう》が、「近江屋《おうみや》」に龍馬《りょうま》がいることをたしかめてから離《はな》れ、藩士《はんし》のだれか、もしくはやとった刺客《しかく》が龍馬《りょうま》を襲《おそ》った。そのあと、近くの土佐藩邸《とさはんてい》から藩士《はんし》を送りこんで、中岡《なかおか》の手当をしつつ、新選組を疑《うたが》わせる証拠《しょうこ》を残したのではないか。また龍馬《りょうま》の死後、土佐藩《とさはん》が葬儀《そうぎ》を出さず、「近江屋《おうみや》」が葬儀《そうぎ》を出していることもおかしいとする説です。

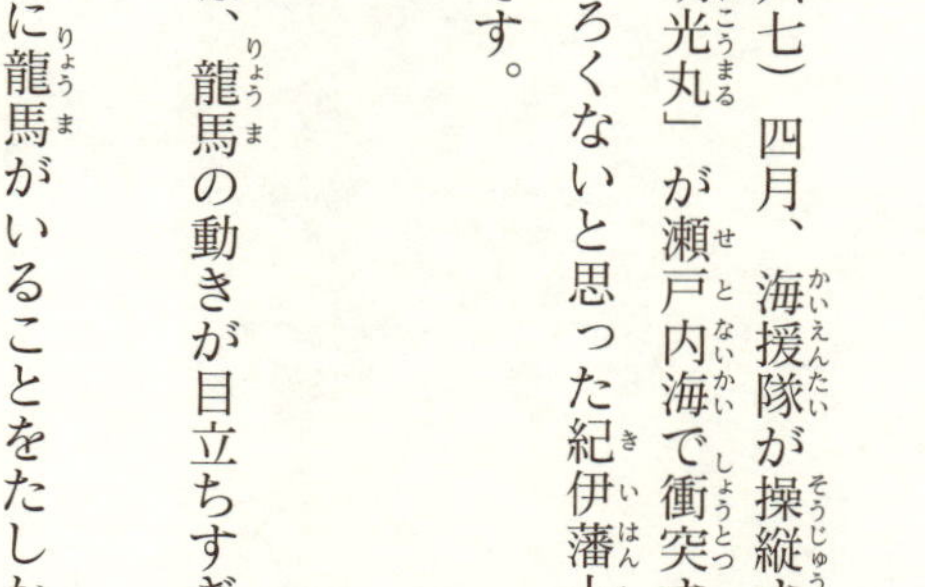

じつはクスノキは、たびたび、この説を書いてきました。

ほんとうのことは、だれにもわかりません。わかるほうがいいことはわかっていますが、わかってしまったら推理《すいり》する楽しみがなくなってしまうのも事実ですよね……。

エピソード

18

西郷隆盛《さいごうたかもり》の顔写真はない?

西郷《さいごう》どんのイメージ

平成三〇年(二〇一八)のNHK大河《たいが》ドラマの主人公は西郷隆盛《さいごうたかもり》。タイトルは『西郷隆《さいごうたか》盛《もり》』ではなく『西郷《せご》どん』(原作 林真理子《はやしまりこ》)です。「さいごうどん」ではなく「せごどん」と読ませるのは地元にならったのでしょう。

でも一般《いっぱん》に、わたしたちが「あの顔」を見て口にするのは「西郷《さいごう》さん」だと思います。

その証拠《しょうこ》に、あとでまたくわしく話しますが、東京の上野公園に建つ有名な「西郷《さいごう》隆盛《たかもり》の銅像《どうぞう》」の近くのグルメスポットの名称《めいしょう》は「ＵＥＮＯ３１５３《うえのさいごうさん》」というのです。

なぜ、わたしたちは、西郷隆盛《さいごうたかもり》を「西郷《さいごう》さん」とよぶのか。

この項《こう》が終わるころには、わかってもらえるといいですけど。

「西郷隆盛《さいごうたかもり》」ではなかった!?

「西郷隆盛《さいごうたかもり》」の名前について、ついでに言っておかないといけないことがあります。

西郷隆盛《さいごうたかもり》の名前は西郷《さいごう》「隆盛《たかもり》」でなかったということです。

びっくりしました?

えーっ、ですよね。

じつは「隆盛《たかもり》」の名は、まちがえてつけられたものだったのです。

意味がわかりませんか?

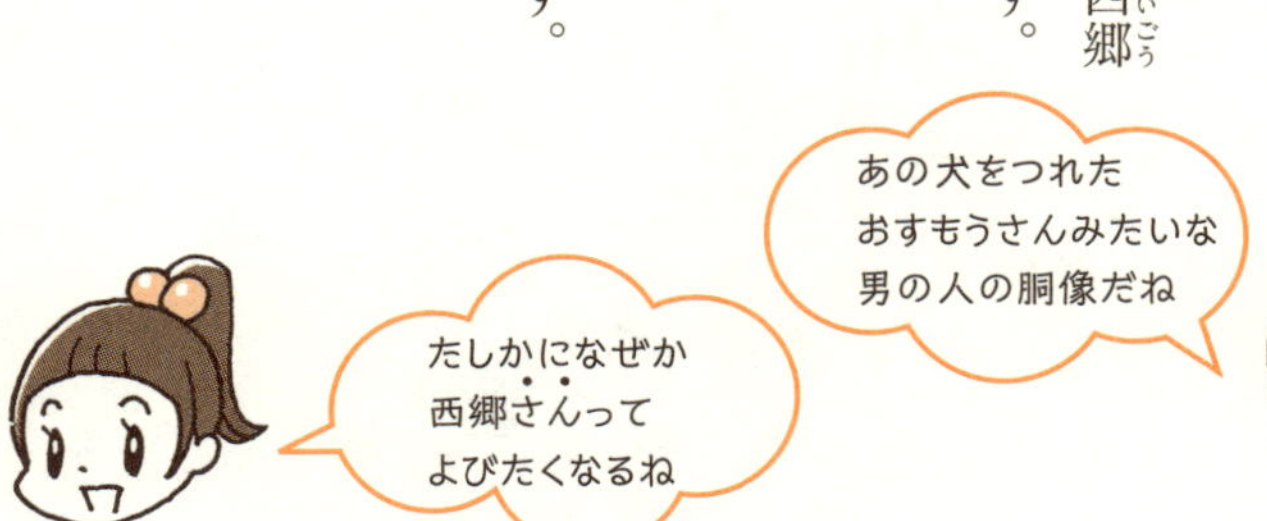
あの犬をつれた
おすもうさんみたいな
男の人の胴像だね
たしかになぜか
西郷さんって
よびたくなるね

王政復古《おうせいふっこ》のあと位階を授《さず》けられることになったとき、同郷《どうきょう》で親友の吉井友実《よしいともざね》が、ほんとうは「隆永《たかなが》」と書かなければならなかったのを、隆永《たかなが》の父の名「隆盛《たかもり》」と書いて届《とど》け出《で》てしまい、そのまま「隆盛《たかもり》」となってしまったのです。隆永《たかなが》本人も「ま、いいか」と父の名を使いつづけたというわけなのです。

この「隆盛《たかもり》」は実名で、正式な文書などにのる名前です。ふだんは通称《つうしょう》を使っていました。

西郷隆盛《さいごうたかもり》の名前と人生

通称《つうしょう》は、いくつかかわっていきます。

西郷《さいごう》の場合は、鹿児島《かごしま》の城下《じょうか》で生まれたときからしばらくは、幼名《ようめい》の「小吉《こきち》」を使っていました。

元服してすぐに「吉之介《きちのすけ》」となって、薩摩藩《さつまはん》の役人になります。村々を巡回《じゅんかい》して村役人を監督《かんとく》し、生産をはげまし、年貢《ねんぐ》を取り立てる郡方《こおりかた》の部下、書役《かきやく》（書記官）のいちばん下っ端《したっぱ》でした。

そのあと「善兵衛《ぜんべえ》」となって藩主《はんしゅ》の参勤《さんきん》交代にともなって江戸《えど》に出て、藩主《はんしゅ》の目と

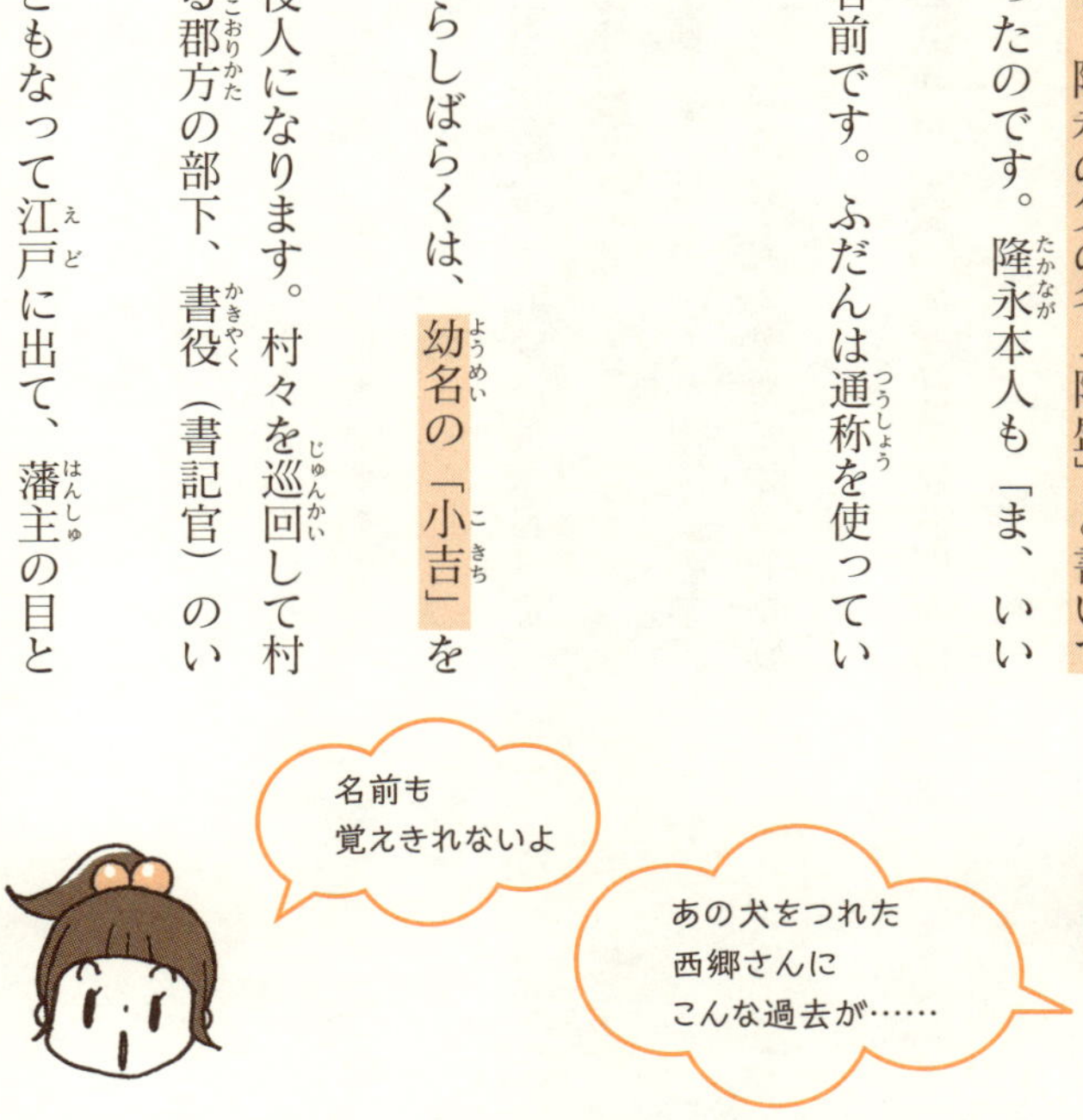
名前も
覚えきれないよ
あの犬をつれた
西郷さんに
こんな過去が……

耳となる庭方役《にわかたやく》となり、さらに「吉兵衛《きちべえ》」へ。

この「吉兵衛《きちべえ》」のとき篤姫《あつひめ》の将軍家《しょうぐんけ》への輿入《こしい》れの準備《じゅんび》をまかされます。

しかし尊王攘夷《そんのうじょうい》運動に関わったことで幕府《ばくふ》から目をつけられます。朝廷《ちょうてい》との連絡《れんらく》役をしてくれていた僧月照《そうげっしょう》を鹿児島《かごしま》にかくまおうとしますが失敗。「吉兵衛《きちべえ》」は月照と錦江湾《きんこうわん》で投身自殺をはかります。でも「吉兵衛《きちべえ》」だけ生き返ってしまいます。

幕府《ばくふ》には「死んだ」ことにし、まったく別の名前で奄美大島《あまみおおしま》へ。数年くらしたのちに復帰《ふっき》しますが、藩主《はんしゅ》の父久光《ひさみつ》を怒《いか》らせて、こんどは奄美《あまみ》大島《おおしま》より遠い沖永良部島《おきのえらぶじま》へ流罪《るざい》となります。そのころから「吉之助《きちのすけ》」を名乗るようになりました。

流罪《るざい》から許《ゆる》されたあとは、禁門《きんもん》の変で薩摩《さつま》軍を指揮《しき》、さらに第一次長州征伐《せいばつ》の参謀《さんぼう》、薩長同盟《さっちょうどうめい》をへて、討幕派《とうばくは》の中心人物となり、同郷《どうきょう》の幼《おさな》なじみ大久保利通《おおくぼとしみち》と、王政復《おうせいふっ》古《こ》のクーデターを成功にみちびくのです。

さらに戊辰《ぼしん》戦争を指揮《しき》しながら、徳川慶喜《とくがわよしのぶ》の家臣勝海舟《かつかいしゅう》と会って、江戸《えど》無血開城《かいじょう》に成功。江戸《えど》を戦火から防《ふせ》ぎます。

いちど隠退《いんたい》しますが、懇願《こんがん》されて、新政府《せいふ》に参加。岩倉具視《ともみ》をはじめとする米欧視《べいおうし》察団《さつだん》がいないあいだは「留守政府《るすせいふ》」をあずかり、地租改正《ちそかいせい》、徴兵制《ちょうへいせい》などの政策《せいさく》を実施《じっし》。

そんなおり、朝鮮《ちょうせん》出兵問題がもちあがります。

いきなり出兵を主張《しゅちょう》する者たちをとどめて、国書を送りますが、朝鮮《ちょうせん》は鎖国《さこく》を強化。西郷《さいごう》はみずから使節となって外交にあたろうとします。これが「征韓論《せいかんろん》」です。

西郷《さいごう》が使節となることが閣議《かくぎ》決定していたのに、米欧《べいおう》から帰国した岩倉らに反対されたため下野《げや》（官職《かんしょく》をしりぞくこと）。

政界《せいかい》を引退《いんたい》して、鹿児島《かごしま》にもどった西郷《さいごう》は「私学校《しがっこう》」を設立《せつりつ》します。しかし政府《せいふ》に挑発《ちょうはつ》された私学校《しがっこう》の生徒たちが反乱《はんらん》。リーダーにならざるをえなくなって「首謀者《しゅぼうしゃ》」になってしまいます。

この西南戦争では九州各地を転戦しますが、鹿児島《かごしま》の城山《しろやま》で自刃《じじん》して果てます。

「西郷星《さいごうぼし》」のうわさ

西郷《さいごう》が城山《しろやま》で自刃《じじん》したころ、地球と火星の距離《きょり》が最接近《さいせっきん》している時期でした。

「赤い星のなかに陸軍大将《たいしょう》の正装《せいそう》をした西郷隆盛《さいごうたかもり》の姿《すがた》が見えた」とうわさが流れます。

これが「西郷星《さいごうぼし》」です。

夜空に浮《う》かぶ赤い火星を見上げながら、人々は、城山《しろやま》で自害した西郷隆盛《さいごうたかもり》の死をお

ベイオウ？
電気屋さんか何か？
米はアメリカ
欧はヨーロッパのこと!!

しんだのです。

本書でもなんどとなく書いていますが「判官贔屓《ほうがんびいき》」というやつです。日本人は、美しく散った英雄《えいゆう》に賛美《さんび》を送るのです。

西郷《さいごう》の死から一四年がたった明治二四年（一八九一）、ロシア皇太子《こうたいし》時代のニコライ二世が来日することになったとき、こんなうわさが流れました。

「城山《しろやま》で死なず、ひそかにシベリアにわたってロシア兵を訓練していた西郷《さいごう》が、日本にもどってくる」

明治天皇《てんのう》もこのうわさを聞いて、「もしほんとうなら西南戦争のあと従軍《じゅうぐん》した将校《しょうこう》らにわたした勲章《くんしょう》を取り下げなければならない」とこぼしたと新聞記事になります。ジョークだったのでしょうが、明治天皇《てんのう》の言葉を真に受けた巡査《じゅんさ》津田三蔵《つださんぞう》は、大津《おおつ》でニコライ二世を襲《おそ》って傷《きず》つけてしまいます。これを「大津事件《おおつじけん》」といいます。

西郷隆盛《さいごうたかもり》の顔

明治時代半ばまで「生きている」とうわさされるほど日本人に愛されていた西郷《さいごう》ですが、じつは顔写真が一枚《まい》もないのです。

西郷《さいごう》と幼《おさな》なじみの大久保《おおくぼ》利通、薩長同盟《さっちょうどうめい》を結んだ桂小五郎《かつらこごろう》(木戸孝允《きどたかよし》)、その薩《さっ》長同盟《ちょうどうめい》を結ばせた坂本龍馬《りょうま》も中岡慎太郎《なかおかしんたろう》も写真が残っているのに、なぜか西郷隆盛《さいごうたかもり》の顔写真は一枚《まい》もないのです。

これまで「これが西郷隆盛《さいごうたかもり》の写真だ」とされるものが何枚《まい》か発表されていますが、どれも「正解《せいかい》」にはなっていません。

え? あるじゃん! と思ったかもしれませんね。

みなさんが「西郷隆盛《さいごうたかもり》の写真」だと思っている顔は、明治時代になって政府《せいふ》にやとわれたイタリア人の画家キヨッソーネがかいた肖像画《しょうぞうが》、つまり絵なのです。西郷《さいごう》の従弟《いとこ》の大山巖《おおやまいわお》の顔つきに、弟の従道《つぐみち》の目元を合成させてかいたものとされています。

日本人が「西郷《さいごう》さん」と思いこんでいる顔は、肖像画《しょうぞうが》だったんですねえ。

キヨッソーネがかいた肖像画《しょうぞうが》をもとに、彫刻家《ちょうこくか》の高村光雲《たかむらこううん》が制作《せいさく》したのが、冒頭《ぼうとう》あたりで紹介《しょうかい》した、上野公園に建っている「西郷《さいごう》さん」の銅像《どうぞう》なのです。

あれは犬の散歩をしているところではなく、愛犬ツンを連れてウサギ狩《が》りをしているところ。

キヨッソーネ画

その除幕式《じょまくしき》のときのこと。

西郷《さいごう》の三人目の妻《つま》だった糸子夫人が、銅像《どうぞう》を見て、こう言いました。

「うちの主人はこげんなお人じゃなかった」

これは「このような顔ではなかった」という意味とも、「浴衣姿《ゆかたすがた》で散歩なんてしなかった」という意味ともされています。

まあ、クスノキも「あんな顔だったんだろうな」というか「あんな顔であってほしい」と思ってしまうのは、西郷隆盛《さいごうたかもり》にいだいている、ほんわかとしたイメージのせいかもしれません。

もし西郷隆盛《さいごうたかもり》が、シュッとしたイケメンだったり、きりりとした強面《こわもて》だったりしたら、え〜、って言っちゃいません？

エピソード

19

田中正造《しょうぞう》の直訴《じきそ》は計画されたものだった？

公害の原点

「公害」――いまでは、ふつうに聞く言葉ですよね。

一般《いっぱん》に広まったのは高度経済《けいざい》成長のさなかです。「公害事件《じけん》」が立てつづけに起きたのです。

水俣病《みなまたびょう》、四日市ぜん

そく、イタイイタイ病……みなさんも聞いたことがあるのではないでしょうか。

地元にも公害といわれるものがあったという人もいるかもしれません。

昭和二〇年代終わりから四〇年代終わりにかけての高度経済《けいざい》成長時、工場の廃水《はいすい》、工場の煙突《えんとつ》からの煙《けむり》などが人に害をもたらしたのです。

クスノキが小学校に通っていた昭和四一年から昭和四六年は高度経済《けいざい》成長の真っただ中。クスノキが育ったのは北九州工業地帯でしたから、そこらじゅうの工場から煙《けむり》が吐《は》き出《だ》され、近所の川はヘドロまみれでした。

これら公害の原点といわれているのが**足尾鉱毒事件**《あしおこうどくじけん》です。

もっと以前から、ほかに公害事件《じけん》は起きていたでしょうが、はじめて日本じゅうに知られた事件《じけん》だから「原点」といわれているのです。

足尾鉱毒事件《あしおこうどくじけん》が表面化したのは、日清戦争と日露《にちろ》戦争のあいだです。

公害事件《じけん》の発生は、こんな経緯《けいい》をたどりました。

武器《ぶき》などを造《つく》るために銅山《どうざん》の銅《どう》を掘《ほ》る。
←掘《ほ》った銅《どう》を精製《せいせい》するときに火をもちいるので薪《たきぎ》が必要。
←薪《たきぎ》をつくるため山の木を伐採《ばっさい》。伐採《ばっさい》したことで、山から雨水が大量に下りてくる。
←ふだんから工場廃水《はいすい》を垂《た》れ流《なが》しているから、渡良瀬川《わたらせがわ》が洪水《こうずい》となり、廃水《はいすい》が広がる。
←川周辺の稲《いね》がかれる。
川の魚が死ぬ。
魚を食べた人が被害《ひがい》を受ける。

田中正造《しょうぞう》という老人

その足尾鉱毒事件《あしおこうどくじけん》を知らしめるために活動したのが、田中正造《しょうぞう》というひとりの政治家《せいじか》でした。

名主の家に生まれたのち、地方政治家《せいじか》、実業家をへて、第一回衆議院《しゅうぎいん》選挙に当選した政治家《せいじか》です。

正造《しょうぞう》は、国会で足尾鉱毒事件《あしおこうどくじけん》を訴《うった》えます。被害《ひがい》を受けた人たちも陳情《ちんじょう》のため、栃木県《とちぎけん》から東京へ押《お》しかけますが、警察官《けいさつかん》によって弾圧《だんあつ》されます。

少しずつ足尾鉱毒事件《あしおこうどくじけん》は広まりますが、ほかの地域《ちいき》の人たちにとっては「対岸の火事」でした。

そんなとき、正造《しょうぞう》は衆議院《しゅうぎいん》議員を辞職《じしょく》。

明治三四年（一九〇一）一二月一〇日、ついに、そのときがやってきます。

天皇《てんのう》に直訴《じきそ》

田中正造《しょうぞう》は、第一六回帝国《ていこく》議会開院式から還幸《かんこう》（天皇《てんのう》が行き先からもどること）途中《とちゅう》の、馬車に乗った明治天皇《てんのう》に直訴《じきそ》したのです。

「お願いがございます！」

直訴状《じきそじょう》を手に馬車にかけよる正造《しょうぞう》は、すぐさま警察官《けいさつかん》によって取りおさえられてしまいます。

しかし、当日の夜には、三つの理由から釈放《しゃくほう》されました。

1 高齢《こうれい》だ。

2 逃亡《とうぼう》しないだろう。

3 ひとりの老人の狂気《きょうき》のすえの行動だ。

このとき、正造《しょうぞう》は六一歳《さい》。

現代《げんだい》からすれば、さほどの高齢《こうれい》でもありません。

計画された直訴《じきそ》だった

この直訴《じきそ》は計画されたものでした。

計画を立てたのは、じつは田中正造《しょうぞう》ではありませんでした。

社会主義《しゅぎ》者の幸徳秋水《こうとくしゅうすい》が、『毎日新聞』（いまの『毎日新聞』ではない）記者の石《いし》川半山《かわはんざん》に持ちかけ、さらに半山が正造《しょうぞう》に持ちかけたのです。

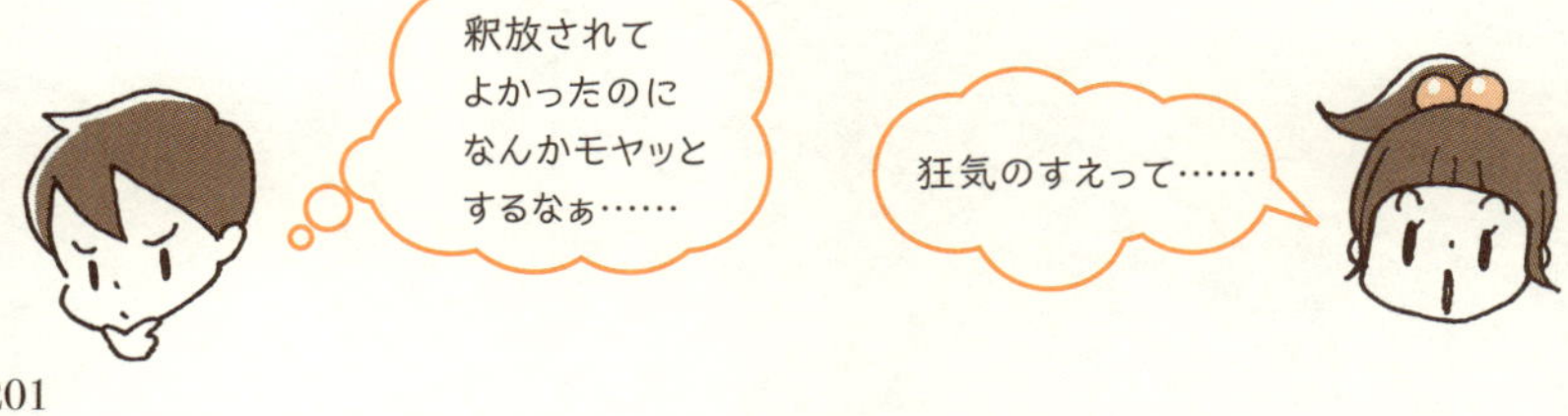
釈放されて
よかったのに
なんかモヤッと
するなぁ……
狂気のすえって……

「佐倉宗吾《さくらそうご》になるんですよ」

佐倉宗吾《さくらそうご》というのは、江戸《えど》時代、下総国《しもうさのくに》（千葉県）佐倉藩主《さくらはんしゅ》の重税《じゅうぜい》に苦しむ仲間の農民たちを助けるため、将軍《しょうぐん》（老中とも）に直訴《じきそ》し、妻《つま》とともに処刑《しょけい》された人物です。

本名は木内惣五郎《きうちそうごろう》。「佐倉惣五郎《さくらそうごろう》」「佐倉宗吾郎《さくらそうごろう》」などともよばれました。

この話自体、いつの話で、真実かどうかもわかっていませんが、明治時代の人はだれもが知っている人物でした。

直訴《じきそ》することを決めると、「ひとりの老人」になるため正造《しょうぞう》は衆議院《しゅうぎいん》議員を辞職《じしょく》。

正造《しょうぞう》の話をもとに、秋水《しゅうすい》が直訴状《じきそじょう》を書くことになりました。

直訴《じきそ》当日の行動は……

直訴《じきそ》する当日の朝、秋水《しゅうすい》は正造《しょうぞう》に直訴状《じきそじょう》を届《とど》けます。

じつは直訴状《じきそじょう》は二通ありました。

下書きと清書したものです。

秋水《しゅうすい》が正造《しょうぞう》に渡《わた》したのは、もちろん清書したほう。

秋水《しゅうすい》は直訴状《じきそじょう》を届《とど》けたその足で、下書きを通信社に持《も》ち込《こ》みます。

通信社というのは、ニュース、写真、記事のデータを、新聞社や放送局などに提《てい》供《きょう》する団体《だんたい》です。

いまも、新聞記事の末尾に「(共同)」と書かれていたら共同通信社から配信された記事です。国内では、ほかに時事通信社などがあります。海外では、たとえばアメリカですと、AP通信、トムソン・ロイター、UPI通信社が有名です。

話をもどします。

下書きの直訴状《じきそじょう》は、通信社を通して、銀座界隈《ぎんざかいわい》の新聞社に配信されました。

通信社を出た秋水《しゅうすい》は、石川半山のいる毎日新聞社に行って、こう言います。

「いやあ、まいったよ。田中正造《しょうぞう》のじいさんがあまりしつこいもんだから、直訴状《じきそじょう》を書かされることになって」

あくまでも事件《じけん》の当事者ではなく、巻《ま》きこまれたことを印象づけるための発言でした。

半山の同僚《どうりょう》たちは、証言者《しょうげんしゃ》に仕立てられたのです。

いっぽう正造《しょうぞう》は、人力車のなかで直訴状《じきそじょう》を読みます。

しかし細かい言葉づかいが打ち合わせとちがっていたため、国会議事堂近くの衆議《しゅうぎ》院《いん》議長官舎《かんしゃ》に飛びこみます。

「のどがかわいた」

つい先日まで議員だったのですから、警備《けいび》する人も通してしまったのでしょう。

正造《しょうぞう》は、直訴状《じきそじょう》の三五か所を訂正《ていせい》し、いちいち訂正印《ていせいいん》を押《お》していきます。

そして訂正印《ていせいいん》だらけの直訴状《じきそじょう》を明治天皇《てんのう》に差し出すべく、直訴《じきそ》したのです。

これらは、下書きの直訴状《じきそじょう》、訂正《ていせい》印だらけの直訴状《じきそじょう》、さらに半山の日記から明らかになったことです。

直訴《じきそ》の影響《えいきょう》

正造《しょうぞう》の直訴《じきそ》は、各新聞に掲載《けいさい》された直訴文《じきそぶん》とともに知れわたり、全国に広まることになりました。

明治時代後半、社会主義《しゅぎ》者と新聞記者が政治家《せいじか》のために起こした行動だったのです。

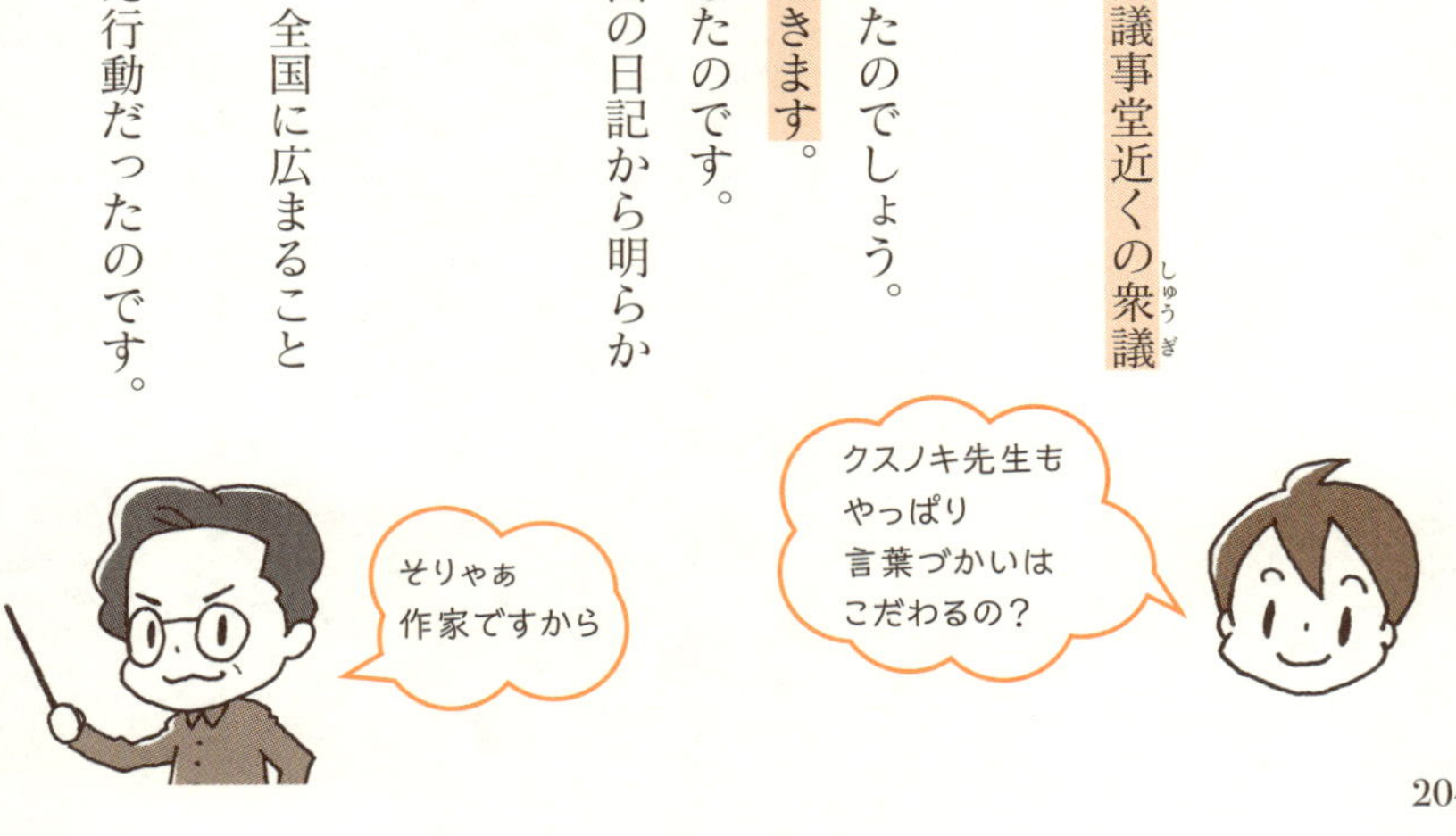
クスノキ先生もやっぱり言葉づかいはこだわるの？
そりゃあ作家ですから

直訴事件《じきそじけん》のあと、正造《しょうぞう》は谷中村《やなかむら》に入ります。

被害《ひがい》の中心地の谷中村に大きな池を作ることで、被害《ひがい》を食い止めるいっぽう、被害《ひがい》地《ち》を水没《すいぼつ》化させることができるという一石二鳥の「隠蔽《いんぺい》工作」の現場《げんば》でした。

政府《せいふ》は、谷中村の多くの被害民《ひがいみん》を買収《ばいしゅう》して立ちのかせはじめましたが、正造《しょうぞう》が中心となって居《い》すわりつづけると強制退去《きょうせいたいきょ》へと発展《はってん》。この騒動《そうどう》もマスコミをにぎわすことになりました。

ですが、その闘《たたか》いのさなか、大正二年（一九一三）九月四日に田中正造《しょうぞう》は病死。ほとんど無一文でした。

正造《しょうぞう》の死によって、旗頭を失った谷中村の人々も立ちのくことになり、事件《じけん》は社会の表面から消えてしまいました。

クスノキの大学の卒業論文《ろんぶん》のタイトルは「田中正造《しょうぞう》の直訴状《じきそじょう》起草者」でした。

ぜひ、この事実を、みなさんに知ってもらいたいと思い、目次に加えさせてもらいました。

エピソード

20

伊藤博文《いとうひろぶみ》を暗殺したのは安重根《アンジュングン》じゃない？

博文以降の千円札
千円
1000
伊藤《いとう》博文《ひろぶみ》
夏目《なつめ》漱石《そうせき》
(↕よく似ていて気付かないことがある)
野口《のぐち》英世《ひでよ》

前の「千円札」の人

みなさんに質問《しつもん》です。

Q　いまの千円札の肖像画《しょうぞうが》のモデルは、次の項《こう》で登場する野口英世《のぐちひでよ》ですが、その前のモデルはだれでしょう。

A　伊藤博文《いとうひろぶみ》。

伊藤博文《いとうひろぶみ》がモデルの肖像画《しょうぞうが》が入った千円札は、昭和三八年（一九六三）から昭和六一年（一九八六）まで二〇年以上も発行されていました。

かくいうクスノキも、よく覚えています。

クスノキは昭和三五年（一九六〇）生まれですから、物心ついたときには、千円札の肖像画《しょうぞうが》のモデルは伊藤博文《いとうひろぶみ》でした。

小学校のころの五千円札も一万円札も肖像画《しょうぞうが》のモデルは聖徳太子《しょうとくたいし》でした。めったに見ることがない紙幣《しへい》でした。お年玉でおがめることもなかったです。

ですから「伊藤博文《いとうひろぶみ》の千円札」は、とってもなじみ深いものでした。もっとなじみ深いのは「岩倉具視《ともみ》の五百円札」でしたけど。

では、次の質問《しつもん》です。

Q　伊藤博文《いとうひろぶみ》は、なにをした人でしょう。

むずかしく考えず、一言でお答えください。

これは、わかる人も多いのではないでしょうか。

A　日本初の首相（総理大臣《そうりだいじん》）。

ピンポン！　正解《せいかい》！

ところで、その伊藤博文《いとうひろぶみ》ですが、暗殺されたって知ってました？

意外と知らない人が多いのではないかと思います。

現場《げんば》はハルビン駅

伊藤《いとう》が暗殺されたのは、一九〇九年（明治四二年）一〇月二六日朝のことです。

西暦《せいれき》と和暦《われき》を逆《ぎゃく》に書いたのには意味があります。

暗殺された場所が日本ではないからです。

中国（当時は清国）のハルビン駅です。

そのころ伊藤《いとう》は枢密院《すうみついん》議長でしたが、その前は初代韓国統監《かんこくとうかん》でした。

初代韓国統監《かんこくとうかん》としての伊藤《いとう》の立場については、あとでくわしく話します。

伊藤《いとう》は、日本が支配《しはい》をねらっている満州の視察《しさつ》のために中国にわたり、日露《にちろ》関係調

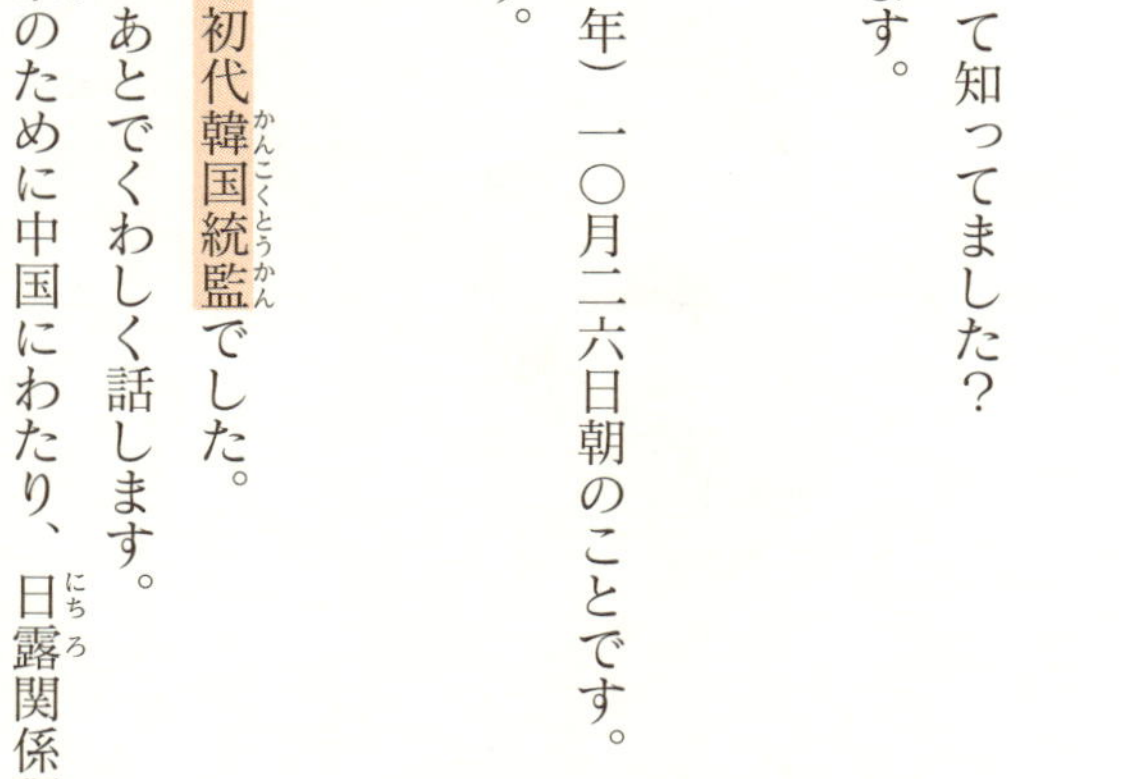

整のためにロシアの蔵相《ぞうしょう》ココツェフと会見するため、ロシア東清鉄道会社が用意した特別貴賓車《きひん》でハルビンに降《お》り立《た》ったのです。

午前九時ごろ、列車はハルビン駅に到着《とうちゃく》。ココツェフは列車内に入って、伊藤《いとう》にあいさつ。二〇分ばかり会談。

ココツェフが軍隊の閲兵《えっぺい》を望んだため、伊藤《いとう》は随行員《ずいこういん》らとプラットフォームに降《お》り立《た》ちました。

ハルビンは中国(清国)の領地《りょうち》ですが、駅はロシア東清鉄道会社のもののため、中国の役人のほか、ロシアの役人、ロシア兵もプラットフォームに居並《いなら》んでいました。

伊藤《いとう》が、ハルビンにいる各国領事団《りょうじだん》と握手《あくしゅ》をしたあとのこと。

「パン、パン!」

拳銃《けんじゅう》の発射音《はっしゃおん》が響《ひび》きました。

撃《う》たれて一五分後、伊藤博文《いとうひろぶみ》は息を引き取りました。

ほとんど即死《そくし》でした。

犯人《はんにん》の動機は？

犯人《はんにん》は逮捕《たいほ》されるとき「韓国万歳《かんこくばんさい》」と三唱しました。

犯人《はんにん》は、大韓帝国《だいかんていこく》の朝鮮人独立《ちょうせんじんどくりつ》運動家、安重根《アンジュングン》。

安重根《アンジュングン》は単独犯《たんどくはん》ではなく、直前まで仲間といっしょに行動していました。ですが、その仲間もつかまっています。

動機は、もちろん、伊藤博文《いとうひろぶみ》が初代韓国統監《かんこくとうかん》だったからです。

日露《にちろ》戦争に勝った日本は、大韓帝国《だいかんていこく》（のちに韓国《かんこく》と北朝鮮《きたちょうせん》にわかれます）の外交権をにぎって、漢城《かんじょう》（いまのソウル特別市）に統監府という機関を置きました。ですが大韓帝国の人たちからすれば、清（いまの中国）の支配から解放されたと思ったら、こんどは日本がやってきた。つまり、植民地に等しいものだったのです。

だから独立《どくりつ》運動家の安重根《アンジュングン》は、ずかずかと土足で乗りこんできた日本人のトップ、伊藤博文《いとうひろぶみ》のことが許《ゆる》せなかったのです。憎《にく》き日本の代表だったわけです。

ちょっとむずかしいかも
しれないけど大事なところだから
ちゃんと読んでね

矛盾《むじゅん》すること

ハルビン駅で被害《ひがい》を受けたのは伊藤《いとう》だけではありませんでした。

伊藤博文《いとうひろぶみ》（枢密院《すうみついん》議長）＝ほぼ即死《そくし》。
田中清次郎（南満州鉄道理事）＝右かかとに軽傷《けいしょう》。
川上俊彦《としつね》（ハルビン総領事《そうりょうじ》、通訳《つうやく》）＝胸部《きょうぶ》を撃《う》たれ重傷《じゅうしょう》。
森泰二郎《もりやすじろう》（宮内大臣秘書官《ひしょかん》）＝腕《うで》から肩《かた》にかけて貫通痕《かんつうあと》。
室田義文《よしあや》（貴族院《きぞくいん》議員）＝足にかすり傷《きず》。ズボン、コートの裾《すそ》に弾丸《だんがん》の抜《ぬ》けた穴《あな》。

安重根《アンジュングン》は、七連発の拳銃《けんじゅう》を使い、弾《たま》は一発残っていました。

つまり六発を発射《はっしゃ》していました。

六発のうち三発は伊藤博文《いとうひろぶみ》の体内にとどまったまま取り出されることはありませんでした。

残り三発が、田中、川上、森、室田を負傷《ふしょう》させ、なおかつ室田のズボンとコートに穴《あな》を開けたのです。

残り三発の弾《たま》で、これだけの「痕《あと》」を残せるのでしょうか。

うーん、一発の銃弾《じゅうだん》が動きまわらないと不可能《ふかのう》なのではないでしょうか。

だれかを傷《きず》つけ、背後《はいご》の硬《かた》いものに当たって跳《は》ね返《かえ》って、また別の人を傷《きず》つけたということもありえますけど。

矛盾《むじゅん》その一です。


事件《じけん》のあと、室田は証言《しょうげん》しています。

「弾道《だんどう》は、いずれも上部より下部に向かって傾斜《けいしゃ》している。撃《う》ったのは駅の食堂の二階からだろう」

日本人医師《いし》はこう証言《しょうげん》しています。

「弾道《だんどう》は水平だった」（ということは犯人と被害者はほぼ同じ高さにいるということ）

証言《しょうげん》がちがうのです。

日本の元首相が暗殺されたのです。日本人のどちらかがウソをつく理由はありません。かんちがいか、記憶《きおく》ちがいということになります。

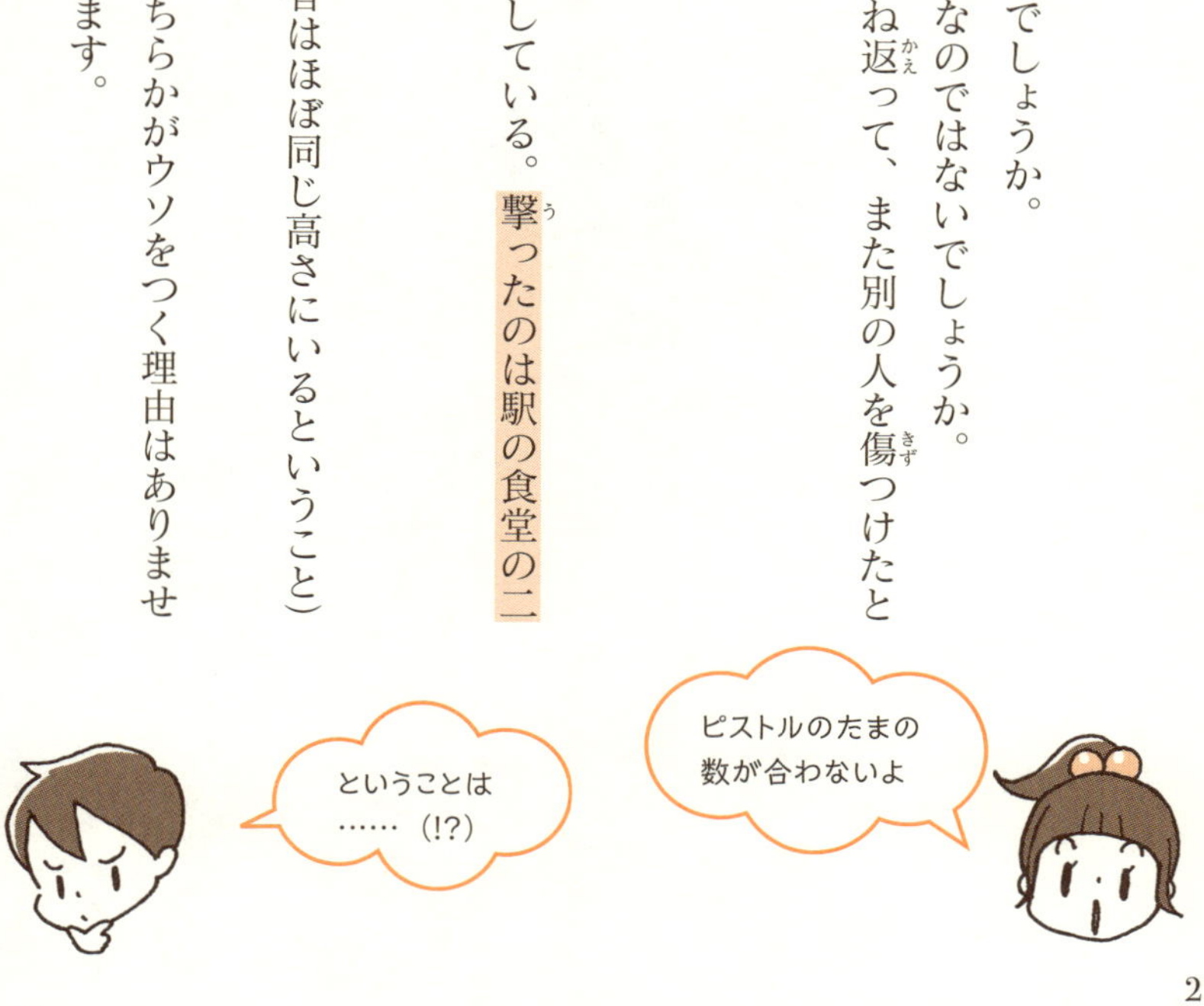
ピストルのたまの数が合わないよ
ということは……（!?）

矛盾《むじゅん》その二です。

もし銃弾《じゅうだん》が六発以上発射《はっしゃ》されたのだとしたら、安重根《アンジュングン》のほかに、もうひとりスナイパーがいたことになります。

さらに!

室田の証言《しょうげん》を信じれば、その、もうひとりのスナイパーは駅の食堂の二階、または別の高い場所から撃《う》ったことになります。

マジか……です。

もし、もうひとりスナイパーがいたとしたら、どんな人なのでしょうか。

安重根《アンジュングン》と同じ朝鮮《ちょうせん》半島の人でしょうか。

それともハルビン駅がある場所の、中国人でしょうか。

ハルビン駅と密接《みっせつ》な関係にあるロシア人でしょうか。

それとも、日本人でしょうか。

もし、スナイパー個人《こじん》に動機がないのだとしたら、そのスナイパーはプロフェッショナルということになります。

プロフェッショナルのスナイパーというと、クスノキの世代では、漫画《まんが》『ゴルゴ13』（作者　さいとう・たかを）の主人公「デューク東郷《とうごう》」（本名未詳《みしょう》）、『ジャッカルの日』（作者　フレデリック・フォーサイス）の主人公「ジャッカル」（本名未詳《みしょう》）などを思い出します。

プロのスナイパーなのだとしたら、やとった人物がいたことになります。

それはだれなのでしょうか。

推理《すいり》の翼《つばさ》が広がります。

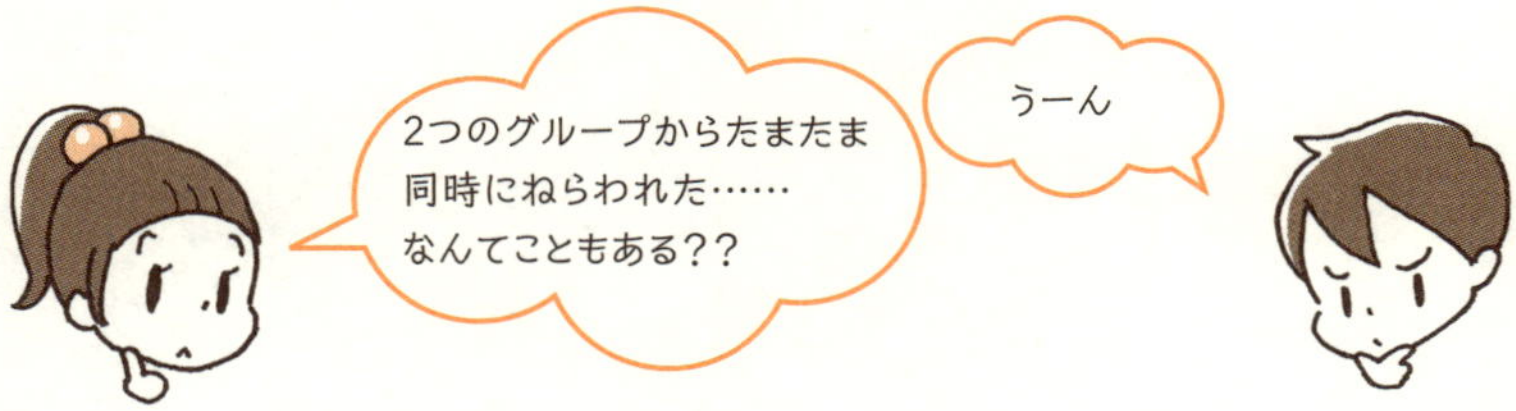
2つのグループからたまたま
同時にねらわれた……
なんてこともある??
うーん

エピソード

21

野口英世《のぐちひでよ》は経歴詐称《けいれきさしょう》していた？

野口英世《ひでよ》は本名ではない！

前の項《こう》にも書きましたが、いまの千円札の肖像画《しょうぞうが》のモデルは野口英世《ひでよ》です。

たまに「のぐちひでお」という人がいますが、まちがいです。「のぐちひでよ」です。

野口英世《ひでよ》の名前を「知っている」という人に「なにした人?」って聞いたら、多くのかたは、きっと、こう答えるでしょう。

「幼《おさな》いときに囲炉裏《いろり》に落ちて手に大やけどを負った人」

「黄熱病《おうねつびょう》にかかって死んだお医者さん」

よほど、野口英世《ひでよ》にくわしくなければ、この程度《ていど》だと思います。

いじめに負けない

この項《こう》を読めば、偉人伝《いじんでん》の定番中の定番、野口英世《ひでよ》の人生がわかります。

少し、おつきあいくださいね。

あ、そうそう。

「野口英世《のぐちひでよ》」って、本名じゃないって知ってました?

知らなかったでしょ。

本名は「清作《せいさく》」っていうんです。

野口清作《せいさく》は、いまの福島県耶麻郡猪苗代町《やまぐんいなわしろまち》の貧《まず》しい農家の長男に生まれました。

満一歳《さい》半のとき、眠《ねむ》っていた清作《せいさく》は囲炉裏《いろり》にころげ落ちて、左手に大やけどを負ってしまいます。

家が貧《まず》しかったこともありますが、村に外科医がいなかったため、左手の親指と中指が手のひらにくっついてしまい、ほかの指も内側に曲がったままになってしまいます。

そのため「手《て》ん棒《ぼう》」という差別的なあだ名をつけられて、いじめられるようになります。

昔は、五体不満足だと、すぐにいじめの対象にされたのです。

でも清作《せいさく》はいじめに負けませんでした。

ケンカをしても、左手の親指とほかの指のあいだではさむ力が強く、相手の服をつかんではなさなかったといいます。

左手が不自由なため実家の農家を継《つ》ぐことができないと思った清作《せいさく》は、母親が教育熱心だったこともあって、尋常《じんじょう》小学校では勉強に打ちこみます。成績《せいせき》も優秀《ゆうしゅう》でした。

母親は高等小学校に入学させたいと思いました。でも、福島県で高等小学校にあがるのは男子で二〇人に一人。村長や商人の子どもぐらいしか入学できませんでした。

そこで母親は、猪苗代《いなわしろ》高等小学校の主席訓導《くんどう》(いまの副校長)の小林栄《さかえ》の家に押《お》しかけて、清作《せいさく》の入学を許《ゆる》してもらいます。
高等小学校時代、同級生たちの募金《ぼきん》で、いまの会津若松市《あいづわかまつし》にある会陽《かいよう》医院の渡部《わたなべ》鼎《かなえ》の手術《しゅじゅつ》を受けます。

高等小学校で優秀《ゆうしゅう》な生徒は、役人か教師《きょうし》か医師《いし》になるのがフツーでした。高級官僚《かんりょう》になるには、旧制《きゅうせい》中学校、旧制《きゅうせい》高校、帝国《ていこく》大学に進まなければなりませんでした。教師《きょうし》になるには、師範《しはん》学校を出なければなりませんでした。しかも身体検査《けんさ》で落とされる可能性《かのうせい》があったため、恩師《おんし》の小林は「医師《いし》になってはどうか」とすすめます。

ナポレオンをまねる

医師《いし》になることを決めた清作《せいさく》は、手の手術《しゅじゅつ》をしてくれた会陽医院の渡部鼎《わたなべかなえ》に弟子入り。書生のいちばん下っぱの玄関番《げんかんばん》からスタートします。「ナポレオンは一日に三時間しか眠《ねむ》らなかった」が口グセで、そのとおり実践《じっせん》していました。

そのあと清作《せいさく》は、実家の居間《いま》に「志《こころざ》しを得ざれば、再《ふたた》び此地《このち》を踏《ふ》まず」（「志《こころざし》を達

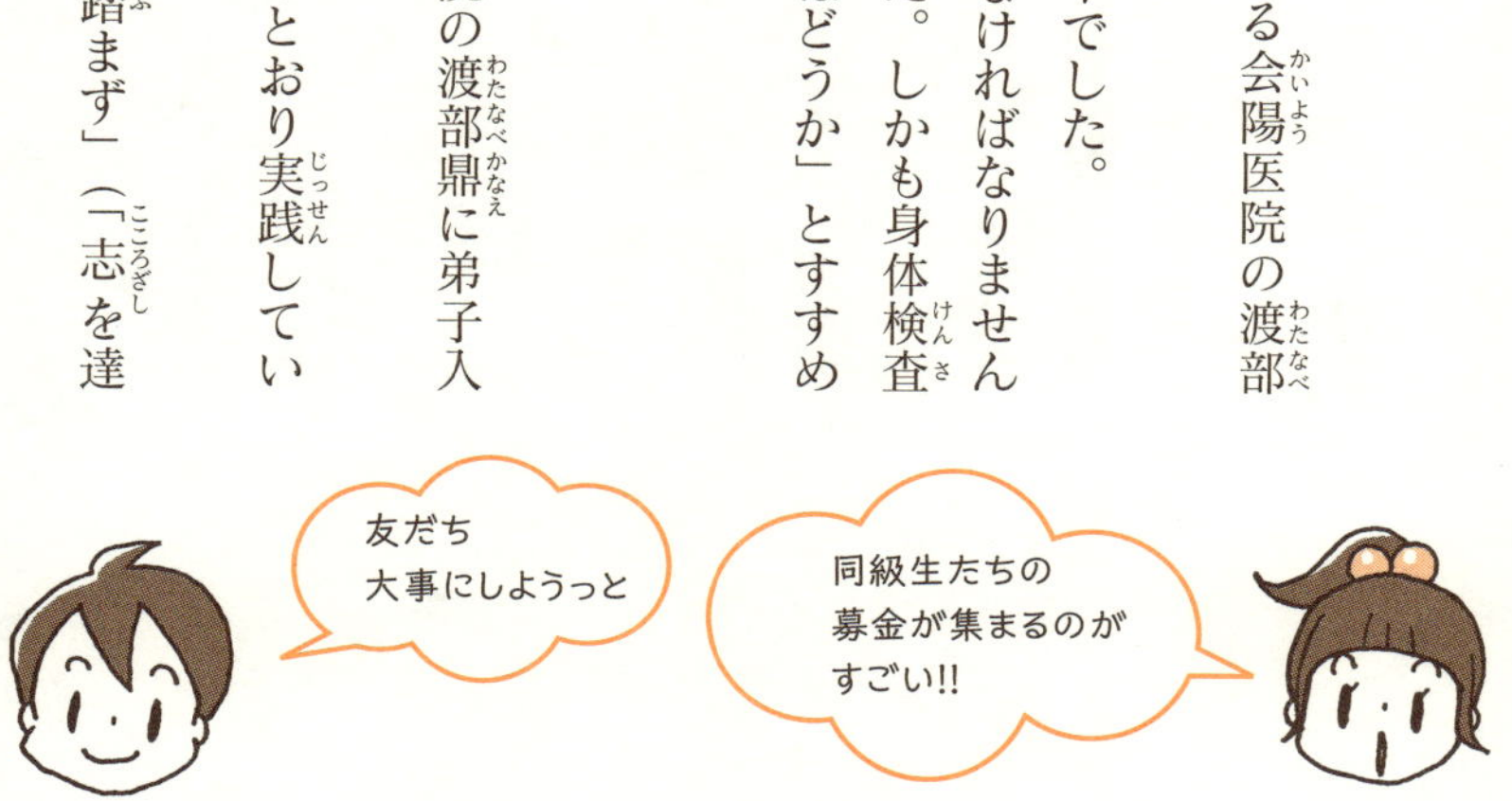
同級生たちの
募金が集まるのが
すごい!!
友だち
大事にしようっと

成するまでは故郷《こきょう》に帰らない」の意)の言葉を残して上京。

渡部《わたなべ》に会いに会津《あいづ》に来ていた、高山歯科医学院(現在《げんざい》の東京歯科大学)で働く血脇《ちわき》守之助《もりのすけ》をたよったのです。

清作《せいさく》は、血脇《ちわき》が住んでいる高山歯科医学院の寄宿舎《きしゅくしゃ》にころがりこみ、雑用《ざつよう》をしながら、済生学舎《さいせいがくしゃ》(現在《げんざい》の日本医科大学)に通います。

そして満一九歳《さい》で医学前期試験、二〇歳《さい》で後期試験に合格《ごうかく》し、医師免許《いしめんきょ》を取得します。

当時、エリート校といわれた帝国《ていこく》大学でも医師免許《いしめんきょ》の取得年齢《ねんれい》は平均《へいきん》二七～二八歳《さい》でしたから、いかに清作《せいさく》が優秀《ゆうしゅう》だったかわかります。

清作《せいさく》は、血脇《ちわき》の紹介《しょうかい》で順天堂医院に助手として就職《しゅうしょく》したあと、北里柴三郎《きたさとしばさぶろう》が所長をつとめる伝染病《でんせんびょう》研究所の助手補《じょしゅほ》となります。

医師《いし》としてよりも語学が達者なことでみとめられたらしく、図書係となり、外国書を読む便利屋として使われていました。

「野口英世《ひでよ》」の作り方

そんなとき、坪内逍遥《つぼうちしょうよう》の小説『当世書生気質《とうせいしょせいかたぎ》』を読んだ清作《せいさく》は、自堕落《じだらく》な生活を送る登場人物の「野々口精作《せいさく》」と似《に》た名前がイヤになり、改名しようと決めます。

ですが、そう簡単《かんたん》に改名できるわけではありません。

清作《せいさく》は恩師《おんし》の小林に、小林は村長に相談します。

その結果、よその村の「清作《せいさく》」という人の家族にたのんで、英世《ひでよ》と同じ村の別の「野口」という人の籍《せき》に入ってもらい、強引に二人めの「野口清作《せいさく》」を作ってしまいます。そのうえで役場へ行って、「同じ村に野口清作《せいさく》がふたりいるから」という理由で「英世《ひでよ》」と改名したのです。

ずるいですよねえ。

アメリカのお医者さん

人生の転機をむかえたのは、アメリカのペンシルバニア大学の細菌学者《さいきんがくしゃ》サイモン・フレクスナーが来日したときでした。

英世《ひでよ》は「留学《りゅうがく》したい」と伝えます。

フレクスナーにしつこくつきまとい、とりあえず住所だけ教わります。

ペストさわぎの起きた清国の牛荘《ニュウチャン》に北里研究所の一員として派遣《はけん》された英世《ひでよ》は、海

外では実力しだいでなんとでもなるという感覚を身につけて帰国。

フレクスナーに手紙を書いた英世《ひでよ》は、これから先どうなるかわからないまま渡米《とべい》。ホノルル、サンフランシスコ経由《けいゆ》でフィラデルフィアのペンシルバニア大学にいるフレクスナーの研究室をたずねます。

彼は身よりのない英世《ひでよ》を見ていいます。

「私設《しせつ》助手をしながらヘビ毒の研究を手伝わないか？」

英世《ひでよ》の仕事は、毒ヘビからヘビ毒をとりだして薬品とまぜる仕事でした。

実力をみとめられた英世《ひでよ》は、大学の正規《せいき》の助手となり、コペンハーゲンにあるデンマーク国立血清研究所に留学《りゅうがく》。

アメリカの大学から主任教授《しゅにんきょうじゅ》の話があったり、日本の慈恵医大《じけいいだい》（現在《げんざい》の東京慈恵《とうきょうじけい》会医科大学《かいいかだいがく》）が日本によびもどそうとしたりしましたが、英世《ひでよ》はアメリカをはなれるつもりはありませんでした。

やがて英世《ひでよ》はロックフェラー医学研究所に移《うつ》り、梅毒スピロヘータの純粋培養《じゅんすいばいよう》を成功させます。

このころの英世《ひでよ》は、短い睡眠《すいみん》時間で研究に没頭《ぼっとう》し、同僚《どうりょう》たちから「日本人はいつ寝《ね》

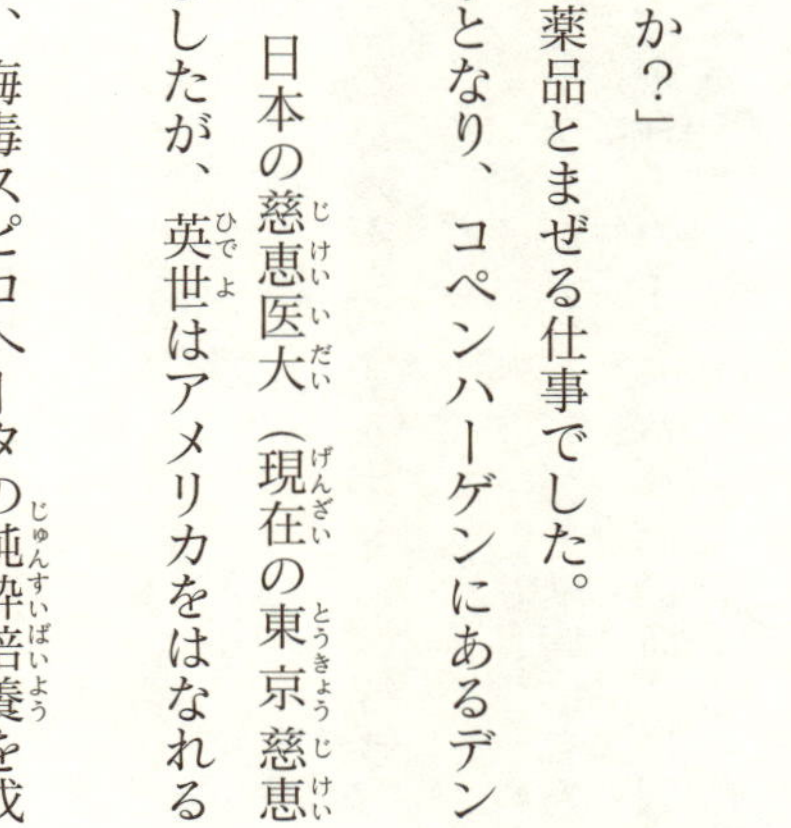

るんだ?」と不思議がられていました。

梅毒スピロヘータの純粋培養《じゅんすいばいよう》に成功してノーベル医学賞の候補《こうほ》になり、世界的にみとめられた英世《ひでよ》は、一時日本に凱旋《がいせん》帰国しますが、「自分の居場所《いばしょ》はアメリカだ」と実感するようになっていました。

黄熱病《おうねつびょう》じゃない?

アメリカにもどった英世《ひでよ》は、黄熱病《おうねつびょう》の病原菌《びょうげんきん》発見のため南米のエクアドルへ行き、病原体の特定に成功します。

英世《ひでよ》がアフリカに行ったのは、自分が開発したワクチンがアフリカの黄熱病《おうねつびょう》にも効《き》くかどうかを確認《かくにん》するためでした。それで英世《ひでよ》は、現在《げんざい》のガーナで黄熱病《おうねつびょう》の研究に取り組みます。

黄熱病《おうねつびょう》にかかりやすいアカゲザルをつかって実験を重ねますが、自分も感染《かんせん》してしまいます。それも二度。

英世《ひでよ》はなぜ自分が感染《かんせん》したのか、どうして二度も感染《かんせん》したかわからないままでした。

「どうも、ぼくにはわからない」

という言葉を残して亡《な》くなります。

じつは、エクアドルで流行していたのは、黄熱病《おうねつびょう》とよく似《に》たワイル病で、英世《ひでよ》が開発したワクチンはワイル病にしか効《き》かなかったことが、いまではわかっています。

黄熱病《おうねつびょう》の病原体はウイルスで、当時、研究者たちは、その存在《そんざい》に気づいていたが、ウイルスがあまりに小さいため、光学顕微鏡《けんびきょう》などでも確認《かくにん》できなかったのです。

英世《ひでよ》は、小児麻痺《しょうにまひ》と狂犬病《きょうけんびょう》の原因《げんいん》発見でも成果を出し、梅毒スピロヘータの純粋培養《じゅんすいばいよう》とあわせてノーベル医学賞がとれると信じていました。一九一四年、一九一五年、一九二〇年の三回もノーベル医学賞の候補《こうほ》になりましたが受賞にはいたりませんでした。

結婚詐欺《けっこんさぎ》、経歴詐称《けいれきさしょう》!

ここまで書くと、野口英世《ひでよ》という人は、けがに負けず、いじめに負けず、勉強して医師《いし》になり、アメリカに留学《りゅうがく》したまま活躍《かつやく》。ノーベル賞候補《こうほ》になったすばらしい学者に思えます。

クスノキも、すばらしさを再確認《さいかくにん》しました。

でも、でもですね……そのすばらしい人生の裏側《うらがわ》に目を向けると、「野口英世《ひでよ》」を作ったときのように、なかなかえげつないことをしているのです。

渡米《とべい》の決心をした英世《ひでよ》は、つきあっていた女性《じょせい》の父親に言いました。

「娘《むすめ》さんと婚約《こんやく》します。ついては留学《りゅうがく》するからカネを貸《か》してください」

婚約者《こんやくしゃ》の父親から婚約支度金《こんやくしたくきん》三〇〇円を借ります。ほかに知人たちからも借金。これらはすぐに使ってしまい、血脇《ちわき》が別途《べっと》留学費《りゅうがくひ》を用意。のち血脇《ちわき》は婚約支度金返済《こんやくしたくきんへんさい》もして、婚約《こんやく》は破棄《はき》されます。

結婚詐欺《けっこんさぎ》といわれてもしかたありませんよね。

そして留学《りゅうがく》したアメリカで書いた最初の論文《ろんぶん》を日本語に訳《やく》して日本の『細菌学雑誌《さいきんがくざっし》』にのせたのですが、そのときの肩書《かたがき》は「名誉《めいよ》助手」でした。

そんな肩書《かたがき》はなかったのです。

ほかにも英世《ひでよ》は「医師免状《いしめんじょう》＝医学博士」と勘《かん》ちがいしていて、渡米《とべい》した当初は、「医学博士（ＭＤ）」を自称《じしょう》していました。

本人に悪気はなかったにしても、あとで経歴詐欺《けいれきさぎ》といわれてもしかたありません。

英世《ひでよ》は、東京大学や京都大学を出たことを鼻にかける同僚《どうりょう》をきらい、「野口英世《のぐちひでよ》」

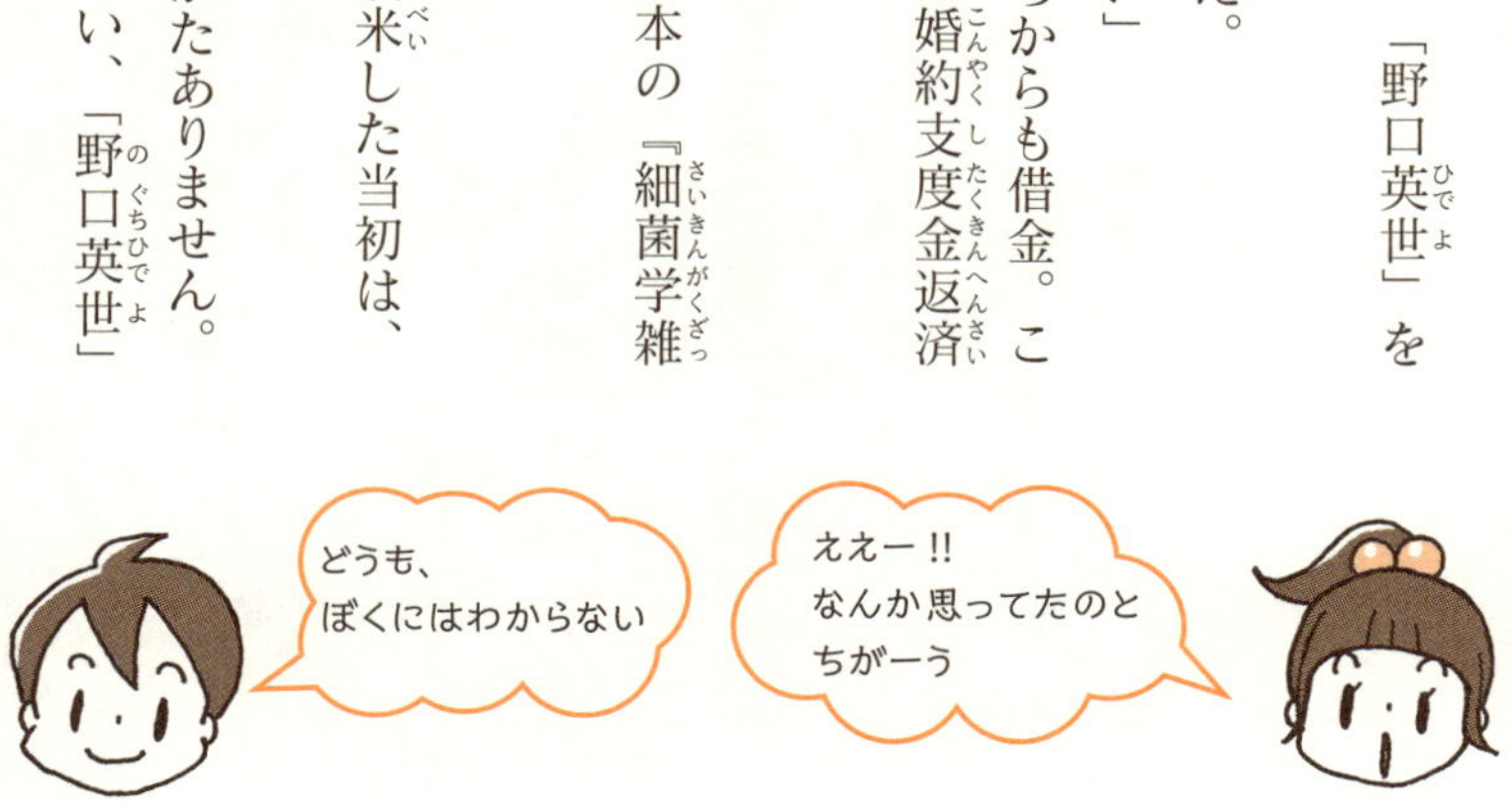
ええー!!
なんか思ってたのと
ちがーう
どうも、
ぼくにはわからない

と知って近づいてくる者には冷たくしました。

でも、かつての自分と同じように外国で悪戦苦闘《あくせんくとう》している日本人にはやさしくしたといいます。

人間くさいってことでしょうか

野口英世《ひでよ》の生涯《しょうがい》は、文部省（いまの文部科学省）の尋常《じんじょう》小学校・高等小学校の修身《しゅうしん》（道徳《どうとく》）教科書に登場し、多くの日本国民に知られる人物となりました。

志《こころざし》を立て、たえしのび、勤勉《きんべん》な英世《ひでよ》の姿《すがた》は、貧《まず》しくても努力しだいでえらい人になれる見本となったのです。

英世《ひでよ》の伝記を読んだ子供《こども》たちのなかから、医師《いし》となった人が多いのも事実。

でも、その中身は、結婚詐欺《けっこんさぎ》、経歴詐称《けいれきさしょう》まがいの、えげつないエピソードの数々。

えげつないからこそ、人間くさいともいえるんですけどね。

では、二十一世紀にもどりましょうか。

おわりに

ただいまー
つかれたでしょう?
ううん楽しかったからつかれてないよ
うん
あんまり歴史はとくいじゃなかったけど
知らなかったことがいっぱいでわくわくした
もっともっと知らない歴史がたくさんあるのよね
そうかよかった
そうだねぇまだ他にも

すやぁ…
あっ
卑弥呼《ひみこ》の勾玉《まがたま》!?
何持って来ちゃってんの!?
いつの巻物《まきもの》!?
2人ともおきてダメだよ
ズルズル…
返しに行くよ!!
ワープ

あとがき

――はい、着いた。

みなさん、お疲《つか》れさまでした（ぺこり）。

えっと、となりのお友だち、ちゃんといますか？　歴史のどこかに置いてきちゃったりしてませんか？

だいじょうぶ……ですね？　よかった、よかった。

卑弥呼《ひみこ》から野口英世《のぐちひでよ》までのタイムスリップの長旅でしたね。

二一世紀にちなんで（「いやいや偶然《ぐうぜん》でしょ」ってツッコミはナシで）、二一人の歴史上の人物の、いろんな顔を見ることができましたね。

この話、聞いたことある、知ってるよ……。

これは、知らなかったなあ……。

などなど、いろんな意見が出たと思います。

じつは本書は児童向けの歴史入門書として企画《きかく》されました。でも企画が進むうちに、こう思うようになりました。

「お子さんだけでなく、お父さんやお母さん、お祖父《じい》さんやお祖母《ばあ》さんが読んでも楽しめるようにできないかな」

なので小学校の社会科の教科書に書かれている内容《ないよう》より、ちょっと「濃《こ》」くなってます。もし読んでみて、「このへん、むずかしい」と思ったら、ぜひ、お家《うち》の人を呼《よ》んできて、いっしょに読んでみてください。

ご家族みなさんで楽しんでくださるのが、クスノキのいちばんの希望です。

本書を手にしてくださったことで、みなさんが、少しでも、いま以上に歴史が好きになってくださるとうれしいです。

あ、そうそう、お家《うち》に帰るまでが遠足ですからね。みなさん、気をつけてお帰りください。またお目にかかれる日を楽しみにしています。——じゃ。

二〇一八年九月

楠木誠一郎

楠木誠一郎（くすのき・せいいちろう）
福岡県生まれ。日本大学法学部卒業後、歴史雑誌編集者を経て作家となる。『十二階の棺』で小説デビュー。『名探偵夏目漱石の事件簿』で第8回日本文芸家クラブ大賞受賞。『坊っちゃんは名探偵！』からはじまるロングセラーシリーズ「タイムスリップ探偵団」や『馬琴先生、妖怪です！』『お江戸怪談時間旅行』など著書多数。

マンガ・イラスト
春原弥生（すのはら・やよい）
長野県生まれ。『かわいく、わかりやすく、庶民的』をモットーに、雑誌や書籍、広告などで活躍中。 学習参考書やビジネス書など様々なジャンルでマンガを手掛けており、楽しくわかりやすい表現方法に定評がある。著書に『宝塚語辞典』『ふたりの薄毛物語』、共著に『マンガでわかる！ 1時間でハングルが読めるようになる本』などがある。

そうだったのか！

歴史人物《れきしじんぶつ》なぞのなぞ

2018年10月11日　初版発行

作　者　楠木誠一郎
画　家　春原弥生
発行者　松岡佑子
発行所　株式会社静山社
〒102-0073　東京都千代田区九段北1-15-15
電話 03-5210-7221
https://www.sayzansha.com

ブックデザイン・組版　米村緑（アジュール）
校正　宮川咲
写真協力　国立国会図書館デジタルコレクション
印刷・製本　中央精版印刷
編集　荻原華林

ISBN 978-4-86389-465-5